企业破产全流程
实务操作与案例精解

张思星 著

中信出版集团｜北京

图书在版编目(CIP)数据

企业破产全流程实务操作与案例精解 / 张思星著. -- 北京:中信出版社,2021.3
ISBN 978-7-5217-2568-1

Ⅰ.①企… Ⅱ.①张… Ⅲ.①破产法—中国 Ⅳ.① D922.291.92

中国版本图书馆 CIP 数据核字 (2020) 第 265858 号

企业破产全流程实务操作与案例精解

著　　者:张思星
出版发行:中信出版集团股份有限公司
　　　　　(北京市朝阳区惠新东街甲 4 号富盛大厦 2 座　邮编　100029)
承　印　者:北京楠萍印刷有限公司

开　　本:787mm×1092mm　1/16　　印　张:19　　字　数:229 千字
版　　次:2021 年 3 月第 1 版　　　　印　次:2021 年 3 月第 1 次印刷
书　　号:ISBN 978-7-5217-2568-1
定　　价:98.00 元

版权所有·侵权必究
如有印刷、装订问题,本公司负责调换。
服务热线:400-600-8099
投稿邮箱:author@citicpub.com

目录

前言 I

第一章 破产与破产法

一、破产制度的渊源 003

二、破产法的目的、功能 004

三、破产法的基本原则 007

四、破产法的适用范围与破产原因 008

五、破产案件的管辖与法律适用 012

六、充分保障职工的合法权益 015

七、破产案件中常见法律术语解释 018

第二章 破产程序的启动

第一节 破产申请

一、破产申请主体条件 025

二、破产申请资料的提交 027

三、破产申请的撤回 031

四、人民法院受理债权人破产申请的时限
与受理裁定书的送达 033

五、立案受理阶段债务人的异议权与相关材料的提交 038

六、人民法院对破产申请的不予受理或驳回 042

七、网络平台破产申请的提出与受理 045

八、破产前的审计 048

第二节　破产受理

一、人民法院对破产管理人的指定　050

二、受理破产申请的通知及公告　053

三、债务人的有关人员的义务　056

四、禁止个别清偿　060

五、债务人的债务人或财产持有人的清偿与交付义务　064

六、对待履行合同的处理　067

七、破产程序开始对其他法律程序的效力　071

第三章　管理人

一、管理人的任命、解任与任职条件　079

二、管理人的法定职责　085

三、管理人的勤勉义务与更换管理人的规定　088

四、管理人聘用工作人员的规定　091

五、刻制管理人印章与开立管理人账户　093

第四章　债务人财产

一、债务人的财产范围　099

二、涉及债务人财产的可撤销的行为与无效行为　102

三、管理人对债务人财产的追回　108

四、取回权　111

五、破产抵销权的行使及限制　118

第五章 破产费用和共益债务

一、破产费用的范围 127

二、共益债务的范围 129

三、破产费用与共益债务的清偿 132

第六章 债权申报

一、债权申报的条件和特征 139

二、未到期债权、附利息债权与附条件、附期限债权和诉讼、仲裁未决债权的申报 142

三、职工工资债权的申报 145

四、债权人申报债权的一般要求 148

五、连带债权人、连带债务人的债权申报 150

六、因合同解除或终止而导致的债权申报 155

七、因票据原因而导致的债权申报 158

八、债权的补充申报与对申报材料的整理、确认等 162

第七章 债权人会议

一、债权人会议的成员及其表决权 169

二、债权人会议主席及其职责 171

三、债权人会议的职权 174

四、债权人会议的召开 178

五、债权人会议的决议　181

六、债权人的复议权　184

七、债权人委员会的组成　187

八、债权人委员会的职权　188

九、管理人对债权人委员会的报告义务　192

第八章　破产清算

第一节　破产宣告

一、破产宣告的情形与障碍　199

二、优先受偿债权的处理　201

第二节　变价和分配

一、破产财产变价规定　203

二、破产财产的清偿顺序与方式　206

三、破产财产的分配方案　209

四、特殊债权的破产财产分配规定　212

第三节　破产程序的终结

一、破产程序终结的情形　214

二、破产程序终结后的手续办理　217

三、管理人的职务终止　219

四、破产财产追加分配的规定　221

五、连带债务人的继续清偿责任　224

第九章 破产预防

第一节 重整

一、重整的申请主体 229

二、人民法院对重整申请的审查与裁定 231

三、重整期间的界定 236

四、重整期间财产与营业事务的管理 239

五、重整期间有关担保物权的规定 241

六、重整期间的取回权 244

七、重整期间对债务人的出资人、董监高行为的限制 247

八、重整程序的终止 250

九、重整计划草案的提出与制作 253

十、重整计划草案的表决、通过与批准 257

十一、重整计划草案的再表决与强制批准 261

十二、重整计划的执行和监督主体 265

十三、管理人监督职责的终止与监督期的延长 268

十四、重整计划的效力 270

十五、重整计划被裁定终止的效力 273

十六、债务人清偿责任的免除 276

第二节 和解

一、和解申请的提出与裁定 279

二、和解协议的通过与认可 281

三、和解协议的约束力 283

四、和解协议的无效与未履行 286

五、债权人与债务人自行达成协议 289

六、债务人可依照和解协议免除相应责任 291

前言

　　破产，是企业法人在经营不善、资不抵债、走投无路时选择的一条道路。企业法人的破产，不仅关系到其自身的利益，更关系到国家、员工以及广大债权人的合法权益，因此我国先后颁布了一系列相关法律对破产行为进行严格的规制。2006年8月27日，第十届全国人民代表大会常务委员会第二十三次会议通过并公布了《中华人民共和国企业破产法》。该法自2007年6月1日实施以来，已经过十余年，其对规范市场经济、维护经济秩序以及保障各方经济利益方面都发挥了重要作用。而后，在2011年、2013年和2019年，最高人民法院先后出台了三部关于适用《中华人民共和国企业破产法》若干问题的司法解释，进一步完善了破产法律制度。加之其他破产法律法规的不断完善，我国的破产法律制度正在稳步提升并被有效地运用。

　　多年来，我国的司法实践证明，破产制度不仅起到了对经济制度的重要调整作用，也实现了其应有的社会价值，更让市场主体与大众对破产有了全新的认识。

　　破产，不等于走向绝境。可以说，破产与挽救，与"起死回生"同在。我国的破产制度把对破产企业的挽救作为重点内容之一，如通过和解、重整等让破产企业起死回生，让其重新开始。当然，对于无法挽救的破产企业，最终破产，也是市场经济下大浪淘沙、淘汰落后，通过优胜劣汰机制实现资源优化重组的目的所在。

此外，破产有利于实现社会公平与公正。与破产企业关系甚密的有两类人：一是债权人，二是破产企业职工。对于债权人而言，他们可以通过破产程序，使其债权请求得到公平的对待，避免因不公处分可能带来的损害；对于破产企业职工而言，在破产程序中，他们的生活和就业会得到妥善安排，个人损失会在一定程度上被控制在最低限度。可以说，无论是破产关系中的哪一方，都能从破产制度中感受到社会的公平、公正。

破产，关乎法律，关乎秩序，更关乎利益的公平对待。《中华人民共和国企业破产法》等破产类法律在破产活动中被严格执行。了解破产类法律及其实务操作，对于广大企业法人的经营者、管理者以及投资者、债权人等来说，都至关重要。因此，笔者特别编写了《企业破产全流程实务操作与案例精解》一书，帮助大家共同认识破产制度，了解破产法律法规及实务操作等。下面，我们一起来看看本书的特点。

第一，全面性。本书以《中华人民共和国企业破产法》为基础，以破产法类的司法解释以及公司法等相关法律法规为补充，向大家全方面地讲解了破产法律知识，内容全面、详尽、具体。

第二，不枯燥。本书在讲解各种破产法律知识的同时，佐以例证，以案例分析的形式向读者展开答疑解惑，让大家在对案例的思索中获取法律知识，既形象又生动。

第三，实用性。本书全篇不仅传播了破产法律知识，整体以及细节上也都穿插和渗入了破产"如何操作""如何处理"的相关知识，教授大家如何做、怎么做，具有很强的实用性。

第四，通俗易懂。法律的晦涩难懂众所周知，而破产法律制度更如"天书"一般。为了给读者展现一种"白话文"版的破产法律知识，我在编写本书的过程中，尽量做到通俗、易懂以及详细地说明，相信读者一定能看得懂、学得会。

当然，由于各方面水平与条件的限制，本书在内容上难免有不妥之处，希望各位读者给予批评指正！

张思星

2021 年 1 月

第一章

———

破产与破产法

一、破产制度的渊源

法律角度的"破产"一词,通常是指当债务人无法清偿债务时,人民法院根据当事人的申请或依职权,经过法定程序使债务得以延缓或公平清偿的法律制度。广义上的破产制度包括个人破产和企业法人破产。

有观点从词源角度分析,认为破产制度起源于中世纪时地中海沿岸意大利集市中的商业习惯。当时,商人们在固定地点的长椅上开展商业活动,如果商人难以支付到期债务,债权人可以将其长椅砸烂,以这种贬斥的方式对外昭示商人退出市场。但由于史料不足,该商业习惯无从考证,故其法律意义并未获得学界一致认可。

根据我国法律史的通说,破产制度源于古罗马《十二铜表法》中的债务执行规则[1]。在古罗马早期,当债务人不能清偿到期债务时,根据债务执行规则,债权人可以选择自力救济,可以扣押债务人的财产,也可以将债务人的人身作为执行标的(例如卖其为奴或处死等)。随着社会制度的发展,后一种自救方式逐渐受到限制。如果债务人提出以其全部财产供债权人分配,债权人不能以任何方式扣押债务人;如果债务人的财产不足以清偿全部债务,债权人才可以向裁判官申请扣押债务人,此时,债权人仍不能出卖或杀害债务人。到奥古斯都时期,财产委付制度[2]正式确立。根据该制度,若债务人不能清偿到期债务,经二人以上有执行名义的债权人申请,或经债务人本人作出委付全部财产供债权人分配的申请或意思表示,裁判官可谕令扣押债务人的全部财产并交由财

---

[1] 参见《十二铜表法》第三表"执行"一表。
[2] 财产委付制度可分为法定财产委付和协议财产委付,《优利亚诉讼法》(Leges Juliae judiciariae)确立了法定财产委付制度,此乃欧洲中世纪后期商事破产制度的基石。

产管理人变卖，再将变卖所获之价金公平分配给全体债权人。[1]

一般认为，破产法产生于欧洲中世纪的商业城市国家，《威尼斯条例》是历史上最早的成文破产法，后《米兰条例》《佛罗伦萨条例》相继产生，用于调整商人破产。到中世纪后期，前述法律制度为欧洲大陆各国所接受，英国习惯法也吸收了其规范精神。我国第一部破产法——《破产律》产生于光绪年间，后该法因非议不断被光绪帝明令废止。我国现行《企业破产法》于2006年8月27日通过，自2007年6月1日起施行。截至目前，最高人民法院针对该法的实施出台了一系列司法解释，例如《最高人民法院关于债权人对人员下落不明或者财产状况不清的债务人申请破产清算案件如何处理的批复》《最高人民法院关于税务机关就破产企业欠缴税款产生的滞纳金提起的债权确认之诉应否受理问题的批复》《最高人民法院关于个人独资企业清算是否可以参照适用企业破产法规定的破产清算程序的批复》，以及《最高人民法院关于适用〈中华人民共和国企业破产法〉若干问题的规定（一）》《最高人民法院关于适用〈中华人民共和国企业破产法〉若干问题的规定（二）》《最高人民法院关于适用〈中华人民共和国企业破产法〉若干问题的规定（三）》等。

二、破产法的目的、功能

"所谓目的，并不是指某种客观的趋势、自然的指向，不是指那种由自然的原因所引起的自然的结果，而是指那种通过意识、观念的中介被自觉地意识到了的活动或行为所指向的对象和结果。"[2] 法律制度

---

[1] 周枏：《罗马法原论》（下册），商务印书馆2002年版，第978页。
[2] 夏甄陶：《关于目的的哲学》，中国人民大学出版社2011年版，第227页。

的目的是维护社会秩序，平衡与协调各种利益冲突。从我国《企业破产法》的规定来看，作为立法者基于社会发展需要而设计的关于破产程序的理想结果，破产法律制度主要有以下四个目的：

第一，规范企业破产程序。1986年《企业破产法（试行）》和1991年《民事诉讼法》中的企业法人破产还债程序在规范企业破产行为，人民法院审理破产案件等问题上发挥了至关重要的作用。2006年《企业破产法》仍继续坚持这一目的，通过各种法律制度和规则的设置引导和规范债权人、债务人及其出资人等利害关系人、管理人及人民法院的行为。

第二，公平处理债权债务关系。这是破产法最重要的目标。破产程序将对资不抵债的企业进行处理，破产程序中的利益关系纷乱复杂，涉及债务人与出资人、债务人与债权人、债权人与债权人等多种法律关系，要将债务人的有限财产在一定期间内分配给各债权人，就必须确保程序和规则的公平性，平衡各方当事人的利益，使债权人理性接受债务清偿的结果。

第三，保护债权人和债务人的合法权益。破产程序中，由于债务人的财产无法清偿全部债务，债权人的利益几乎"天然"会受到损害（如债权无法全部实现）。因此，破产法必须在最大程度上保护债权人的合法权益。但是，在保护债权人利益的同时，也要注意保护债务人的合法权益。

第四，维护社会主义市场经济秩序。某种程度上讲，破产法处理的是市场交易过程中信用关系遭到一定程度的破坏时的善后事宜。破产程序可以使无法继续经营的债务人退出市场，也能帮助尚有一线生机的债务人重新活跃在市场交易中。维护市场经济秩序的稳定性，促进社会资源的优化配置，也是破产法律制度的重要目的。

破产法服务于社会改革发展大局,是重要的商事法律之一。自破产法律制度面世以来,其"调节器"的作用明显。从施行效果来看,现代破产法的功能主要体现在以下三个方面:

第一,公平保护债权人的合法权益。破产法赋予了债权人公平受偿的机会,如果没有破产程序,当债务人的财产不足以清偿全部债务时,其债权人只能依靠一般的强制执行程序实现债权,可能会出现部分债权人获得全部清偿,部分债权人无法获得清偿的局面。根据债权平等原则,对同一个债务人的数个债权,只要债务清偿期届至,债权人对债务人的一般责任财产都有平等的受偿权。破产法在平衡当事人利益的基础上,按一定比例公平分配债务人的全部财产,以保障同一顺位的债权人获得平等受偿,平等分担损失。

第二,赋予债务人复兴的机会。除破产清算外,破产法还设定了企业重整制度。这就使资不抵债的债务人可以在破产程序中获得一次恢复生机的机会,能够在最大程度上减少债权人、出资人的损失。从社会层面看,破产法在减少社会财富的损失和失业人口数量,保护社会稳定等方面也有着重要作用。[1]

第三,保障社会经济秩序良好运行。市场竞争变化莫测,优胜劣汰是现代经济生活中的普遍规律,破产程序既能赋予资不抵债但实力尚可的债务人一线生机,加强企业市场观念,激发经营者锐意改革;也能有效清理濒危企业、公平处理债权债务关系,帮助债务人体面地退出市场,切断其与外界的交易,防止债务膨胀,及时止损。总体而言,破产法对优化社会资源配置、维护社会公共利益、维护市场经济秩序的稳定性也起到了显著作用。

---

[1] 贵立义、林清高:《经济法概论》,东北财经大学出版社2013年版,第150页。

相关法条

《中华人民共和国企业破产法》

第一条 为规范企业破产程序,公平清理债权债务,保护债权人和债务人的合法权益,维护社会主义市场经济秩序,制定本法。

三、破产法的基本原则

破产法的基本原则,是指贯穿于破产立法,对各项破产制度和破产规范起统率和指导作用的一般准则。[1] 通说认为,我国破产法遵循以下两项基本原则:

第一,国家干预原则。该原则是指为保证破产程序公正有序进行,维护社会公共利益,国家行政机关和司法机关通过行政、司法行为干预破产程序。[2] 根据干预主体的不同,国家干预原则具体表现在行政干预和司法干预两个方面。

行政干预,是指行政机关对破产程序的干预,例如,破产程序的开始、具体的破产活动等方面。例如,根据相关法律的规定,国有独资企业、国有独资公司申请破产时,履行出资人职责的机构依法享有决定权,重要的国有独资企业、国有独资公司、国有资本控股公司申请破产之前还需要经本级人民政府批准。相较于《企业破产法(试行)》而言,现行破产法弱化了行政机关对破产程序的干预,更加尊重当事人的意思自治。但是,由于破产程序涉及多方利益,为了维护特定领域的交易秩序,行政干预仍是免不了的。例如,

---

[1] 赵万一主编:《商法》,中国人民大学出版社2013年版,第276页。
[2] 赵万一主编:《商法》,中国人民大学出版社2013年版,第276页。

现行《企业破产法》第一百三十四条就规定了金融机构实施破产的特殊事宜。根据该规定，商业银行、证券公司、保险公司等金融机构有法定破产原因的，国务院金融监督管理机构可以向人民法院提出对该金融机构进行重整或者破产清算的申请。国务院金融监督管理机构依法对出现重大经营风险的金融机构采取接管、托管等措施的，可以向人民法院申请中止以该金融机构为被告或者被执行人的民事诉讼程序或者执行程序。

司法干预，是指人民法院对破产程序的干预。人民法院对破产程序的干预是全面干预，体现在破产案件的受理、管理人的指定、债权人会议的召开、破产宣告等破产清算、重整、和解程序的各个方面。

第二，公平原则。该原则要求破产法在保证债权人公平受偿的同时，兼顾债务人的利益。从破产制度产生的渊源来看，该制度就是为了妥善解决债务人资不抵债的问题。破产制度以确保债权人实现公平受偿为目的之一，所以《企业破产法》及以往的破产法律制度无不对破产债权债务、破产财产、破产财产分配方案的制定与执行进行了详细规定。同时，当债务人的财产不能满足清偿需要时，破产法为了保护债务人及其出资人的利益，规定特殊情形下的债务免除制度。例如，现行《企业破产法》第九十四条规定，按照重整计划减免的债务，自重整计划执行完毕时起，债务人不再承担清偿责任。

四、破产法的适用范围与破产原因

破产法的适用范围是破产法适用于何时何地何种主体的总称，适用范围也被称为效力范围。

破产法适用的时间范围针对的是破产法的生效时间与失效时间。根据我国《企业破产法》第一百三十六条的规定，现行破产法自2007年6月1日起施行，原《企业破产法（试行）》同时废止。现行《企业破产法》不具有溯及力。

破产法适用的空间范围针对的是破产法适用的地域，强调的是破产宣告的效力及于债务人在何地的财产。从各国立法例来看，破产法适用的空间范围包括属地主义、普及主义和折中主义三种：采属地主义立法的国家，破产宣告的效力仅及于债务人在国内所有的财产，例如德国、日本等；采普及主义的国家，破产宣告的效力及于债务人国内外的所有财产，例如法国、意大利等；采折中主义的国家，破产宣告的效力兼采属地主义和普及主义，对债务人的动产采普及主义，对债务人的不动产采属地主义。[1] 我国《企业破产法》第五条第一款规定："依照本法开始的破产程序，对债务人在中华人民共和国领域外的财产发生效力。"据此可知，我国破产法采普及主义，破产财产的范围包括债务人在国外的财产，破产宣告具有域外效力。

破产法适用的主体范围，是指谁可以依破产法的规定被宣告破产。美国、意大利、英国的破产法律制度适用于自然人和企业法人等法律主体。目前，我国尚未确立个人破产制度，根据《企业破产法》的规定，仅商业银行、证券公司、保险公司等金融机构、企业法人、合伙企业、民办学校等才能适用或参照适用《企业破产法》的规定进行破产清算、重整或和解。

破产原因是人民法院据以宣告债务人破产的特定法律事实。[2] 债务人须具备破产原因，才能进入破产程序。现代诸国和地区大多都以债务人不能清偿到期债务作为唯一的破产原因，立法模式上也以概括主义居

---

[1] 赵万一主编：《商法》，中国人民大学出版社2013年版，第272页。
[2] 赵万一主编：《商法》，中国人民大学出版社2013年版，第279页。

多。从我国《企业破产法》第二条的规定来看,破产原因包括两种情况:一是企业法人不能清偿到期债务,并且资产不足以清偿全部债务;二是企业法人不能清偿到期债务,并且明显缺乏清偿能力。此处的"不能清偿到期债务",是指债务履行期届满之后,债务人的财产无力满足债权人清偿债务的主张。"资产不足以清偿全部债务",是指债务人的资产总额小于负债总额。一般认为,债务人的资产负债表,或者审计报告、资产评估报告等显示其全部资产不足以偿付全部负债的,债务人便属于"资产不足以清偿全部债务"之情形。"明显缺乏清偿能力",是指尽管债务人的资产大于负债,但因财产不能变现等原因使债务人实际上已经丧失清偿能力。需要注意的是,现行《企业破产法》还引入了重整制度,前述破产原因也是重整原因。除此之外,当企业法人有明显丧失清偿能力的可能时,也可以依法进行重整。

案例解析

债务人财产包括债务人在国外的财产吗?

2019年6月18日,人民法院裁定受理A公司的破产清算申请。同日,人民法院指定F律所为A公司的破产管理人。管理人在工作过程中清查A公司的资产时发现,2017年,A公司的实际控制人黄某以A公司的名义和资产为其在M国读书的女儿购买了一套房和一辆跑车,均登记在A公司名下,该房屋和跑车现由黄某的女儿占有和使用,但根据M国的法律,房屋和跑车均为A公司所有。于是管理人便依法要求黄某的女儿交付财产,但遭到黄某女儿的拒绝,她认为国内法院的裁定不能适用于A公司位于M国的财产。黄某女儿的说法正确吗?

本案涉及破产程序的域外效力和债务人财产的范围。我国《企业破产法》第五条第一款规定："依照本法开始的破产程序，对债务人在中华人民共和国领域外的财产发生效力。"第三十条规定："破产申请受理时属于债务人的全部财产，以及破产申请受理后至破产程序终结前债务人取得的财产，为债务人财产。"根据前述规定可知，破产申请受理时属于债务人的财产均为债务人财产，而依法进行的破产程序，对债务人境外的财产也发生效力，所以债务人财产既包括债务人位于国内的财产，也包括债务人位于国外的财产。如案例所述，黄某女儿所占有、使用的房屋、车辆系A公司于2017年以自有财产购买且登记在A公司名下的财产，应属A公司所有，所以黄某女儿的说法是错误的。黄某女儿应根据《企业破产法》的规定向管理人交付财产。

相关法条

《中华人民共和国企业破产法》

第二条 企业法人不能清偿到期债务，并且资产不足以清偿全部债务或者明显缺乏清偿能力的，依照本法规定清理债务。

企业法人有前款规定情形，或者有明显丧失清偿能力可能的，可以依照本法规定进行重整。

第五条 依照本法开始的破产程序，对债务人在中华人民共和国领域外的财产发生效力。

对外国法院作出的发生法律效力的破产案件的判决、裁定，涉及债务人在中华人民共和国领域内的财产，申请或者请求人民法院承认和执行的，人民法院依照中华人民共和国缔结或者参加的国际条约，或者按照互惠原则进行审查，认为不违反中华人民共和国法律的基本原则，不损害国家主权、安全和社会公共利益，不损害中华人民共和国领域内债权人的合法权益的，裁定承认和执行。

第三十条 破产申请受理时属于债务人的全部财产，以及破产申请受理后至破产程序终结前债务人取得的财产，为债务人财产。

第一百三十五条 其他法律规定企业法人以外的组织的清算，属于破产清算的，参照适用本法规定的程序。

第一百三十六条 本法自2007年6月1日起施行，《中华人民共和国企业破产法（试行）》同时废止。

五、破产案件的管辖与法律适用

管辖，是指各级人民法院之间以及同级人民法院之间受理第一审民事案件的权限和分工，可分为地域管辖、级别管辖、移送管辖、指定管辖等模式。破产案件的管辖包括地域管辖和级别管辖两种。

第一，地域管辖。我国《企业破产法》仅规定了破产案件的地域管辖。根据该法之规定，破产案件由债务人住所地人民法院管辖。我国《民法典》第六十三条和《民事诉讼法》及其司法解释明确规定，法人以其主要办事机构所在地为住所。如果不能确定主要办事机构的，即以公司的注册地或登记地为住所地。《最高人民法院〈关于审理企业破产案件若干问题的规定〉》也规定，债务人无办事机构的，由其注册地人民法院管辖。此外，考虑到破产案件的特殊性，《企业破产法》特别规定，进入破产程序后，与债务人有关的民事诉讼案件采专属管辖模式，权利人只能向受理破产申请的人民法院起诉。

第二，级别管辖。根据《最高人民法院〈关于审理企业破产案件若干问题的规定〉》第二条的规定，县、县级市或者区的工商行政管理机关核准登记企业的破产案件由基层人民法院管辖；地区、地级市（含本级）以上的工商行政管理机关核准登记企业的破产案件和纳入国家计划调整的企业破产案件由中级人民法院管辖。

法律适用，是指司法机关依法依程序运用法律处理案件、解决纠纷的活动，也是法律的实施和运用活动。[1] 破产程序是对资不抵债的债务人进行破产处理的司法程序，是民事诉讼活动的重要组成部分。从内容上看，破产案件的审理程序包括破产案件的申请与受理、债权申报、重整、和解、破产清算等方面。对于前述程序的法律适用，根据特别法优先于一般法的原则，《企业破产法》有规定的，依《企业破产法》；《企业破产法》没有规定的，适用《民事诉讼法》及其司法解释的有关规定。

案例解析

债务人应向哪个法院提出破产申请？

F公司成立于2006年，注册资本为120万元（已实缴完毕），主要经营范围为服饰、服装及辅料的制造、加工、批发、零售。2019年7月，因经营管理不善，F公司负债累累，公司资产已无法清偿全部债务。经过各股东商议，决定向人民法院提出破产重整申请。准备重整申请的过程中，该公司的总经理却发现一个问题：F公司营业执照上的注册地址为甲省乙市，但是该地点为当地招商局给他们找的地点，F公司并没有在当地办公。为了降低经营成本，F公司的实际办公地点为甲省丙市，该公司的对外联系地址也为该地。F

---

[1] 张光杰：《中国法律概论》，复旦大学出版社2005年版。

公司应该向哪个地方的法院提出破产重整申请呢？

F公司应向甲省丙市的人民法院提出破产重整申请。根据我国《企业破产法》第三条的规定，破产案件由债务人住所地人民法院管辖。同时，《最高人民法院〈关于审理企业破产案件若干问题的规定〉》第一条也明确规定："企业破产案件由债务人住所地人民法院管辖。债务人住所地指债务人的主要办事机构所在地。债务人无办事机构的，由其注册地人民法院管辖。"实践中，人民法院一般通过对公司的主要机构、主要业务部门、公司在市场交易活动中对外披露的联系地址等事项的审查来确定公司的主要办事机构所在地。前述案例中，F公司的实际办公地点和对外联系地址均在甲省丙市，故甲省丙市应该是该公司的主要办事机构所在地。根据法律规定，F公司应向甲省丙市的人民法院提出申请。

相关法条

《中华人民共和国企业破产法》

第三条 破产案件由债务人住所地人民法院管辖。

第四条 破产案件审理程序，本法没有规定的，适用民事诉讼法的有关规定。

第二十一条 人民法院受理破产申请后，有关债务人的民事诉讼，只能向受理破产申请的人民法院提起。

《中华人民共和国民法典》

第六十三条 法人以其主要办事机构所在地为住所。依法需要办理法人登记的，应当将主要办事机构所在地登记为住所。

《最高人民法院关于适用〈中华人民共和国民事诉讼法〉的解释》

第三条 公民的住所地是指公民的户籍所在地，法人或者其他组织的住所地是指法人或者其他组织的主要办事机构所在地。

法人或者其他组织的主要办事机构所在地不能确定的，法人或者其他组织的注册地或者登记地为住所地。

《最高人民法院〈关于审理企业破产案件若干问题的规定〉》

第一条 企业破产案件由债务人住所地人民法院管辖。债务人住所地指债务人的主要办事机构所在地。债务人无办事机构的，由其注册地人民法院管辖。

第二条 基层人民法院一般管辖县、县级市或者区的工商行政管理机关核准登记企业的破产案件；

中级人民法院一般管辖地区、地级市（含本级）以上的工商行政管理机关核准登记企业的破产案件；

纳入国家计划调整的企业破产案件，由中级人民法院管辖。

六、充分保障职工的合法权益

职工问题是处理破产案件不可忽视的重要问题，人民法院在审理破产案件的过程中，应当依法保障企业职工的合法权益。从现行《企业破产法》的规定来看，该法主要从以下四个方面保护职工的合法权益。

第一，职工安置预案。根据现行破产法的规定，债务人提出破产申请时，除《企业破产法》第八条载明的基本材料外，还必须向人民法院提交职工安置预案、支付职工工资和社会保险费用的缴纳情况，确保债务人对本单位职工作出了明确具体的安排。目前，法律未就职工安置预案的内容作出要求。实践中，职工安置预案中一般包括企业与职工劳动关系的处理、经济补偿金的计算、对特殊职工（因工负伤职工等）的安排等内容。

第二，职工债权的范围及申报。《企业破产法》明确并尽可能地扩大了职工债权的范围，特别是该法第一百一十三条的规定使职工依法律法规可以获得的补偿金都属于职工债权范围，增强了职工债权数额增加的可能性，能较好地维护职工利益。另外，在现行法律制度框架下，债权申报采自愿原则，对债务人享有债权的债权人可以自由选择是否向管理人申报债权。但考虑到职工债权的特殊性，法律规定该部分债权由管理人调查后列出清单予以公示，并赋予职工异议权，这对预防职工因故未依法申报债权而错失清偿机会起到了重要作用。

第三，参加债权人会议和对重整计划草案表决。企业职工应当选出职工代表参加债权人会议，对涉及职工利益的事项或其他事项发表意见，维护职工利益。除此之外，职工债权人还依法享有对重整计划草案表决的权利，如果职工对债权清偿方案有异议，可以不予通过重整计划草案。

第四，职工债权优先清偿。根据现行破产法的规定，清偿破产费用和共益债务后，破产财产应首先清偿债务人所欠职工的工资和医疗、伤残补助、抚恤费用，所欠的应当划入职工个人账户的基本养老保险、基本医疗保险费用，以及法律、行政法规规定应当支付给职工的补偿金。职工债权清偿的优先性能够在最大程度上分担职工因企业破产而失业遭受的损失。

企业的经营管理人员（董事、监事、高级管理人员）负责企业的日常运作，其行为直接关系到企业及其利害关系人的利益，如果企业经营管理人员违反忠实义务、勤勉义务造成企业破产的，应当对企业因破产遭受的损失承担赔偿责任，且自破产程序终结之日起三年内不得担任任何企业的董事、监事、高级管理人员；如果前述人员的行为构成犯罪的，还应当承担刑事责任。根据《刑法》的规定，前述人员可能构成的犯罪主要有国有公司、企业、事业单位人员失职罪，挪用公款罪，贪污罪，非国家工作人员受贿罪，职务侵占罪，隐匿、故意销毁会计凭证、会计账簿、财务会计报告罪，虚假破产罪等。

相关法条

《中华人民共和国企业破产法》

第六条 人民法院审理破产案件，应当依法保障企业职工的合法权益，依法追究破产企业经营管理人员的法律责任。

第八条 向人民法院提出破产申请，应当提交破产申请书和有关证据。

破产申请书应当载明下列事项：

（一）申请人、被申请人的基本情况；

（二）申请目的；

（三）申请的事实和理由；

（四）人民法院认为应当载明的其他事项。

债务人提出申请的，还应当向人民法院提交财产状况说明、债务清册、债权清册、有关财务会计报告、职工安置预案以及职工工资的支付和社会保险费用的缴纳情况。

第一百一十三条 破产财产在优先清偿破产费用和共益债务后，依照下列顺序清偿：

（一）破产人所欠职工的工资和医疗、伤残补助、抚恤费用，所欠的应当划入职工个人账户的基本养老保险、基本医疗保险费用，以及法律、行政法规规定应当支付给职工的补偿金；

……

七、破产案件中常见法律术语解释

1. 破产：根据《元照英美法词典》的解释，"破产"一词既可以指当事人无力偿还到期债务的客观状况，也可以指依破产法被宣告破产的事实或已依破产法被宣告破产的当事人的地位。

2. 破产原因：指人民法院据以宣告债务人破产的特定法律事实。我国《企业破产法》所规定的破产原因有两种：一是企业法人不能清偿到期债务，并且资产不足以清偿全部债务；二是企业法人不能清偿到期债务，并且明显缺乏清偿能力。

3. 重整：是对可能或已经具备破产原因但又有再生希望的债务人实施的旨在挽救其生存的积极程序。[1]

4. 和解：指为帮助具备破产原因的债务人避免破产清算而与债权人会议达成以让步方法了结债务的协议的特殊法律程序，经和解程序达成的协议被称为和解协议，经人民法院认可后发生法律效力。[2] 和解债权人，是指人民法院受理破产申请时对债务人享有无财产担保债权的人。[3]

5. 破产申请：指破产申请人请求人民法院受理破产案件的意思表示。[4]

6. 破产案件的受理：指人民法院审查认为破产申请符合法定条件而裁定接受，依法开始破产程序的司法行为。[5]

7. 破产管理人：狭义上的破产管理人，是指人民法院受理破产申请之后，接管债务人财产，并在破产清算程序中负责债务人财产的管理和其他事务的个人或组织；广义上的破产管理人，是指在破产程序（重整、

---

[1] 赵万一主编：《商法》，中国人民大学出版社2013年版，第290页。
[2] 赵万一主编：《商法》，中国人民大学出版社2013年版，第288页。
[3] 参见《中华人民共和国企业破产法》第一百条。
[4] 赵万一主编：《商法》，中国人民大学出版社2013年版，第281页。
[5] 赵万一主编：《商法》，中国人民大学出版社2013年版，第282页。

清算、和解）中负责管理和处分债务人财产与经营事务的个人或组织。[1]

8. 债权人会议：指由依法申报债权的债权人组成的，代表全体债权人参与破产程序和监督管理人、债务人行为的意思表示机关。[2]

9. 重整期间：指人民法院裁定债务人重整之日起至重整程序终止之日的时间段。[3]

10. 重整计划：指管理人或经人民法院批准自行管理财产和营业事务的债务人为维持债务人继续营业和复兴而制定的清理债权债务关系的多方协议。[4]

11. 破产宣告：指人民法院判定已经具备破产条件的债务人的破产事实，使其进入破产清算程序的司法裁定行为。[5]被宣告破产后，债务人成为破产人。

12. 债务人财产与破产财产：破产申请受理时属于债务人的全部财产，以及破产申请受理后至破产程序终结前债务人取得的财产，为债务人财产。债务人被宣告破产后，债务人财产称为破产财产。[6]

13. 破产债权：指人民法院受理破产申请时对债务人享有的债权。[7]

14. 破产财产的变价：指管理人以合法方式出让债务人的非金钱破产财产，使其转为金钱样态的行为。[8]

15. 破产财产的分配：指管理人根据法律规定的顺序和程序将变价后的破产财产分配给债权人的行为。[9]

---

[1] 赵万一主编：《商法》，中国人民大学出版社2013年版，第284页。
[2] 赵万一主编：《商法》，中国人民大学出版社2013年版，第286页。
[3] 参见《中华人民共和国企业破产法》第七十二条。
[4] 赵万一主编：《商法》，中国人民大学出版社2013年版，第292页。
[5] 赵万一主编：《商法》，中国人民大学出版社2013年版，第293页。
[6] 参见《中华人民共和国企业破产法》第三十条、第一百零七条。
[7] 参见《中华人民共和国企业破产法》第一百零七条。
[8] 赵万一主编：《商法》，中国人民大学出版社2013年版，第295页。
[9] 赵万一主编：《商法》，中国人民大学出版社2013年版，第296页。

16. 债权申报：指债权人在破产程序开始后，依法定程序、在法定期限内主张并证明其债权存在，以参与破产程序的行为。[10]

17. 清偿顺序：指法律根据各种债权性质和地位而确定的债权受偿序列。[11]

18. 破产费用：指破产程序开始后，为保障破产程序顺利进行而产生的费用。在我国，该等费用包括：破产案件的诉讼费用；管理、变价和分配债务人财产的费用；管理人执行职务的费用、报酬和聘用工作人员的费用。[12]

19. 共益债务：指破产程序开始后，为了债务人和债权人的共同利益而发生的债务。在我国，该等债务包括：因管理人或者债务人请求对方当事人履行双方均未履行完毕的合同所产生的债务；债务人财产受无因管理所产生的债务；因债务人不当得利所产生的债务；为债务人继续营业而应支付的劳动报酬和社会保险费用以及由此产生的其他债务；管理人或者相关人员执行职务致人损害所产生的债务；债务人财产致人损害所产生的债务。[13]

20. 取回权：指破产程序开始后，当破产管理人接管的债务人财产中有不属于其所有的他人财产时，该财产的所有人享有的不依破产程序而取回的权利。[14] 取回权可分为一般取回权和特殊取回权。前者是指财产权利人基于破产法义务的原因而产生的取回权；后者是指财产权利人基于破产法规定的原因而产生的取回权。

21. 别除权：指债权人不依破产程序，就债务人的特定财产单独优

---

10 赵万一主编：《商法》，中国人民大学出版社2013年版，第301页。
11 赵万一主编：《商法》，中国人民大学出版社2013年版，第302页。
12 参见《中华人民共和国企业破产法》第四十一条。
13 参见《中华人民共和国企业破产法》第四十二条。
14 赵万一主编：《商法》，中国人民大学出版社2013年版，第304页。

先受偿的权利。在我国,该权利被表述为"对债务人的特定财产享有担保权的债权"。[1]

22. 抵销权:指在破产程序开始前对债务人负有债务的债权人依法享有的,不论其债权与所负债务的种类是否相同、债务清偿期是否届满,均可在破产财产分配前以破产债权抵销其所负债务的权利。[2]

---

[1] 赵万一主编:《商法》,中国人民大学出版社2013年版,第305页。
[2] 赵万一主编:《商法》,中国人民大学出版社2013年版,第306页。

第二章

―――――

破产程序的启动

第一节　破产申请

一、破产申请主体条件

破产申请，是指由破产申请人向人民法院提出的宣告债务人破产、适用破产程序以清偿债务的诉讼请求。破产申请是启动破产程序的开始，是人民法院开始破产程序的要件。拟破产企业只有具备法律所规定的破产条件，才能被人民法院受理，从而启动破产程序。

对于拟破产企业法人的条件，结合《企业破产法》的规定，当企业法人出现严重亏损、因严重亏损不能清偿到期债务，资不抵债、明显失去偿债能力时，则可以向人民法院申请破产清算。当然，当事人如果想挽救企业，给企业以生的希望，还可以提出申请予以重整、和解。

启动破产程序，从申请人资格上，有三类人可以成为破产申请人，分别为债务人、债权人和依法负有清算责任的人。而这三类人申请破产的条件也不尽相同。对于债务人而言，其作为企业法人，不能清偿到期债务，并且资产不足以清偿全部债务或者明显缺乏清偿能力的，可以向人民法院提出破产清算申请；对于企业法人的债权人而言，如果企业法人不能清偿到期债务，债权人则可以向人民法院提出破产清算申请；对于依法负有清算责任的人而言，其成为破产申请人，适用条件只有在企业法人已解散但未清算或者未清算完毕，资产不足以清偿债务时成就。

案例解析

公司能否以资不抵债为由申请破产以减少股东损失？

某建筑材料加工公司为提高产品质量，高价购进了一套新型生产线。由于产品质量有了一定程度的提高，产品的销售情况有所改观。然而，经过一段时间后，市场上同类商品猛增，再加上楼市不景气，市场需求量不断降低，该公司产品销量逐渐下降，导致大量产品积压，该公司的资金链也出现了问题。照此下去，公司很快就会倒闭。有股东提出，应该尽快申请破产，以尽可能减少股东们的损失。在这种情况下，该材料加工公司可以申请破产吗？

破产，是企业在不得已情形之下而选择的道路。对于在什么情形之下可以申请破产，根据我国《企业破产法》第二条和第七条的规定，企业法人不能清偿到期债务，并且资产不足以清偿全部债务或者明显缺乏清偿能力的，依照《企业破产法》规定清理债务。债务人有《企业破产法》第二条规定的情形，可以向人民法院提出重整、和解或者破产清算申请。也就是说，如果企业只是出现暂时的亏损、资金链运作不通等问题，是不能申请破产的。在上面的案例中，股东为了减少自身损失，想走破产道路暂时还行不通。当然，根据我国《公司法》第一百八十二条之规定，公司经营管理发生严重困难，继续存续会使股东利益受到重大损失，通过其他途径不能解决的，持有公司全部股东表决权百分之十以上的股东，可以请求人民法院解散公司。因此，上面案例中的材料加工公司如果确实面临严重困难，无法继续经营，股东们可以请求解散公司，以减少自己的损失。

相关法条

《中华人民共和国企业破产法》

第二条第一款 企业法人不能清偿到期债务,并且资产不足以清偿全部债务或者明显缺乏清偿能力的,依照本法规定清理债务。

第七条 债务人有本法第二条规定的情形,可以向人民法院提出重整、和解或者破产清算申请。

债务人不能清偿到期债务,债权人可以向人民法院提出对债务人进行重整或者破产清算的申请。

企业法人已解散但未清算或者未清算完毕,资产不足以清偿债务的,依法负有清算责任的人应当向人民法院申请破产清算。

《中华人民共和国公司法》

第一百八十二条 公司经营管理发生严重困难,继续存续会使股东利益受到重大损失,通过其他途径不能解决的,持有公司全部股东表决权百分之十以上的股东,可以请求人民法院解散公司。

二、破产申请资料的提交

申请人向人民法院申请破产时,应当提交破产申请书和相关证据材料。破产申请书是当事人或利害关系人为了实现宣告债务人破产、进行破产清算或破产重整等目的而递交的文书。相关证据,是指破产申请人为了维护自己的合法权益,帮助法院查明案件事实而提交的与被申请破产企业缺乏清偿能力或处于连续停止支付状态等事实有关的资料。

破产申请书与民事起诉状的内容无甚区别。为阐明破产申请人的申请事项和基本事实,破产申请书一般包括申请人与被申请人的基本情况、申请目的、申请的事实和理由以及人民法院认为应当载明的其他事项。其中，申请人与被申请人的基本情况包括申请人与被申请人的名称、住址、联系方式、法定代表人姓名、企业统一社会信用代码等内容，如果申请人为自然人的，还应当列明自然人的居民身份证号码。在破产申请书中列明申请目的是为了更明确地向人民法院提出申请请求，例如请求人民法院对被申请人进行破产清算，请求人民法院裁定被申请人重整，或者是拟破产企业申请和解，等等。申请的事实和理由，是指企业资不抵债，无力清偿到期债务的事实与理由。除此之外，申请人还应当在破产申请书上签字盖章并载明申请日期。

为帮助人民法院查明案件事实，申请人还应当提交相关的证据材料。债权人提出破产申请的，应当在债务履行期限届满后提出，被申请人明显缺乏偿债能力并长期连续停止支付的证据，主要是合同等债权凭据和相关的催收证明；负有清算义务的人或债务人提出破产申请的，应当提交截至申请破产之日，企业的资产状况明细表（含企业资产、企业投资及在金融机构的开户情况）、债权债务清册、财务会计报告（含资产负债表、现金流量表及相应年度报告）、职工安置预案以及职工工资的支付和社会保险费用的缴纳情况，必要时，还要提交担保情况和涉诉情况说明。

另外，对于特殊性质的被申请人，除提交上述材料外，还需要根据法律的特别规定提交相应材料。例如，申请上市公司破产重整的，除前述材料外，申请人还应当提交关于重整的可行性报告、相关部门的通报情况材料、证券监督管理部门的意见以及上市公司住所地人民政府出具的维稳预案等资料。如果上市公司自行申请破产重整，还应当提交切实可行的职工安置方案。申请人申请破产时未提交资料或提交的资料不符合法律规定的，应当根据人民法院的通知进行补充或补正。

第二章 破产程序的启动

案例解析

债务人自行提出破产清算申请时，提交的材料不充分怎么办？

某实业公司自 2010 年成立以来，多次为关联公司提供对外担保，负债累累，名声败坏，虽偶有业务，但利润微薄，再加上受国家宏观调控政策影响，该公司极度缺乏资金，无法继续运营，已三年没有开展过业务合作，现公司账上已无任何经济收入，无法偿还对外欠款。无奈之下，该实业公司只得向人民法院申请破产清算。2019 年 1 月 28 日，该实业公司向人民法院提交了破产申请书，由于近几年没有开展业务，便没有准备财务会计报告等财务资料。这种情况下，人民法院会受理该公司的破产申请吗？该实业公司应该怎么做？

根据我国《企业破产法》第八条和《最高人民法院关于破产案件立案受理有关问题的通知》的相关规定，债务人申请破产清算时，除提交破产申请书外，还应当准备相应的证据材料，以便于人民法院查明案件事实。因此，该实业公司作为债务人自行申请破产清算，应当准备好公司的财产状况说明、债权清册、债务清册、财务会计报告、职工安置预案以及职工的工资支付及社会保险缴纳情况等材料，在申请时一并提交给法院。法院收到申请材料后，将依法展开审查活动，如果申请人提交的资料不符合法律规定，人民法院将通知其补充或补正。鉴于财务会计报告等财务资料对于帮助人民法院了解企业的资产状况和经营情况非常重要，所以无论破产申请前企业是否开展经营活动，都应当提交。如果申请人拒不提交上述财务资料，将导致破产清算申请不被受理的法律后果。前述案例中，该实业公司认为自己近几年没有开展经营活动就不提交财务会计报告的做法是错误的，应当尽快按照人民法院的要求补充提交。

相关法条

《中华人民共和国企业破产法》

第八条 向人民法院提出破产申请，应当提交破产申请书和有关证据。破产申请书应当载明下列事项：

（一）申请人、被申请人的基本情况；

（二）申请目的；

（三）申请的事实和理由；

（四）人民法院认为应当载明的其他事项。

债务人提出申请的，还应当向人民法院提交财产状况说明、债务清册、债权清册、有关财务会计报告、职工安置预案以及职工工资的支付和社会保险费用的缴纳情况。

《最高人民法院关于破产案件立案受理有关问题的通知》

二、自2016年8月1日起，对于债权人、债务人等法定主体提出的破产申请材料，人民法院立案部门应一律接收并出具书面凭证，然后根据《中华人民共和国企业破产法》第八条的规定进行审查。立案部门经审查认为申请人提交的材料符合法律规定的，应按2016年8月1日起实施的《强制清算与破产案件类型及代字标准》，以"破申"作为案件类型代字编制案号，当场登记立案。不符合法律规定的，应予释明，并以书面形式一次性告知应当补充、补正的材料，补充、补正期间不计入审查期限。申请人按要求补充、补正的，应当登记立案。

立案部门登记立案后，应及时将案件移送负责审理破产案件的审判业务部门。

《关于审理上市公司破产重整案件工作座谈会纪要》

三、关于上市公司破产重整的申请

……

申请人申请上市公司破产重整的，除提交《企业破产法》第八条规定的材料外，还应当提交关于上市公司具有重整可行性的报告、上市公司住所地省级人民政府向证券监督管理部门的通报情况材料以及证券监督管理部门的意见、上市公司住所地人民政府出具的维稳预案等。上市公司自行申请破产重整的，还应当提交切实可行的职工安置方案。

三、破产申请的撤回

破产申请的撤回，是指申请人在提出破产申请后，人民法院裁定受理破产申请之前，向人民法院提出撤回破产申请的要求，从而使原来的破产申请失去法律效力的行为。破产申请的撤回制度有严格的主体和时间限制，根据我国《企业破产法》第九条的规定，仅有申请人享有撤回权，除此之外，债务人或其他利害关系人（如未提出破产申请的其他债权人）均无此权利。

破产申请权是当事人基于私权处分产生的诉权，破产申请的撤回是申请人处分自己权利的体现，所以我国《企业破产法》允许申请人撤回破产申请。当事人的自由处分权和人民法院的审判权之间的关系是民事诉讼程序中需要重点关注的问题之一，破产程序中也概莫能外。不可忽视的是，虽然申请人有权自由处分自己的权利，但这并不意味着其处分权不受任何限制。在人民法院裁定受理破产申请之前，破产程序尚未开始，国家公权力尚未正式介入，申请人当然可以自由选择是否通过破产程序来处理债务人资不抵债的问题。然而，一旦人民法院经过对申请人提交的相关资料的审查，裁定受理了破产程序，便说明债务人基本具备了破产原因。基于此，该案件所涉及的利益关系便不限于申请人与债务人之间，未提出破产申请的债权人的利益也需要通过此次破产程序获得保障。这是破产程序作为特殊的财产分配程序的特点之一，也是在裁定受理破产申请之后，人民法院便会着手通知已知债权人并进行公告的原因。换言之，如果允许申请人在破产程序开始后提出撤回申请，不仅不能保护债权人利益，还可能会造成一系列损失。

我国《企业破产法》并未明确规定申请人行使撤回权的形式。司法实践中，申请人大多通过书面申请的方式撤回破产申请。通常而言，除当事人的基本信息外，撤回破产申请书中还应包括撤回申请的事实与理由。

案例解析

人民法院裁定受理后，申请人还能撤回破产清算申请吗？

2014年11月3日，Q公司、E公司与张某共同出资设立W公司。之后，R公司加入该公司并成为最大股东。2016年，R公司委派王某实际管理W公司。任职之后，王某利用职务上的便利，将W公司的资金全部予以挪用。2017年12月，王某被法院以挪用资金罪判处有期徒刑八年零一个月，并判定其退赔W公司650万元。此后，因公司股东和董事之间矛盾尖锐，W公司长期停止经营，资不抵债。经公司股东开会讨论，该公司于2018年12月7日向人民法院提出破产清算申请并提交了相关证明资料。2018年12月14日，人民法院裁定受理该破产申请，裁定书于作出之日送达W公司，但W公司并未通知其他股东。2018年12月18日，大股东R公司就申请对W公司进行破产清算一事反悔，要求W公司撤回破产申请。人民法院裁定受理破产申请后，申请人还能撤回破产申请吗？

破产程序并非始于人民法院收到当事人的破产申请书和相关证据材料之时，而是始于人民法院受理破产申请之时。为保证申请人的自由处分权，法律允许申请人撤回破产申请。我国《企业破产法》第九条规定："人民法院受理破产申请前，申请人可以请求撤回申请。"根据该条之规定，申请人可以在人民法院受理破产申请之前请求撤回破产申请。破产程序与一般的民事诉讼程序不同，由于破产程序开始后，往往会牵涉除申请人以外的多方主体的利益，所以法律将申请人撤回权的行使期间确定在提交破产申请之后，人民法院裁定受理破产程序之前。需要注意的是，人民法院受理破产申请的民事裁定书自作出之日起生效，该裁定一旦作出，申请人便不能再提出撤回申请的请求，即使提出，也会被法院驳回。在本案中，人民法院已经作出受理W公司破产清算的民事裁定书并且该裁定也已生效，无论申请人公司股东知情与否，W公司均不能请求撤回申请。

相关法条

《中华人民共和国企业破产法》

第九条 人民法院受理破产申请前，申请人可以请求撤回申请。

四、人民法院受理债权人破产申请的时限与受理裁定书的送达

破产申请的受理，是指人民法院审查当事人的破产申请材料后，认为其破产申请符合法律规定的条件而接受该案件进入司法程序。受理是人民法院依法作出的司法行为，破产申请被受理便意味着破产程序的开始。

与普通诉讼程序不同，破产案件并未实行严格的立案等级制，人

民法院受理破产申请之前必须结合申请人提交的破产申请资料对被申请人的破产原因进行审查。根据民事诉讼法的一般理论，审查包括形式审查和实质审查两种。形式审查，是指人民法院对申请人提交的破产申请书及相关证据材料是否齐全、是否符合法律要求的形式进行审查；实质审查，是指人民法院对申请人提交的破产申请书及相关证据材料的真实性、合法性，即被申请人是否存在破产原因或重整原因进行审查。两相比较，实质审查更耗时耗力。为保障当事人及利害关系人的合法权益，防止案件久拖不理，法律对人民法院受理债权人破产申请的时间作出了明确规定。实践中，立案受理阶段的审查期限通常为人民法院收到破产申请之日起十五日内。也就是说，人民法院一般应当自收到破产申请之日起十五日内裁定是否受理。由于债权人对债务人是否有足够资产偿还债务的情况不一定了解，所以对债权人提出的破产申请案件的受理时限，法律作出了不同要求。根据现行破产法及相关司法解释的规定，债权人提出破产申请的，人民法院应在收到申请之日起五日内通知债务人，如果债务人在收到人民法院的通知之日起七日内未提出异议的，人民法院应当自异议期满之日起十日内作出是否受理破产申请的裁定书。特殊情形下，经过上一级人民法院的批准，可以延长十五日。

　　经审查，人民法院认为债权人的破产申请符合受理条件的，应当依法作出予以受理的民事裁定书，并在裁定作出之日起五日内将裁定书送达债权人和债务人。此外，人民法院还应在裁定作出之日起二十五日内通知已知债权人，并通过公告的方式向无法通知的债权人、未知债权人及其他利害关系人送达破产案件文书，以维护他们的合法权益。

第二章 破产程序的启动

案例解析

债权人提出破产申请后，人民法院逾期未作出受理或不予受理的裁定，应当怎么办？

2009年，Y公司成立，经营范围为房地产开发、建筑相关业务、企业管理、企业营销策划、工程项目管理、技术开发、技术转让、技术咨询、技术服务，等等。早几年，国内房地产市场景气的时候，Y公司凭借良好的人事管理制度和业务关系积累了一大笔资本。之后，Y公司实际控制人万某病逝，其子万小某继承了万某在Y公司的股权并实际管理Y公司。万小某热衷于享乐，不善经营，Y公司的资源和声誉一落千丈。2017年12月，为承建甲省某项目，Y公司向银行与多家公司借款合计5000万元人民币。其中，G公司借给Y公司短期流动资金2800万元人民币，借期为6个月，利息按月利率1.8%计算。该笔债务到期后，Y公司未还款。G公司向人民法院起诉并拿到了要求Y公司偿还借款并支付利息的生效判决书，后Y公司未履行该生效法律文书规定的还款义务。2019年1月8日，G公司以Y公司资不抵债为由向人民法院申请对Y公司进行破产清算，并根据法院要求提交了相关材料。截至2019年4月24日，G公司仍未收到人民法院作出的任何裁定书，每次联系法院询问立案受理事宜，均被法院回复"等通知"。法院的做法是否合法？G公司应如何救济自己的权利？

做好破产案件的立案受理工作，是加强破产案件审判工作的首要环节，该环节决定了破产程序是否能够顺利开始。根据最高人民法院的通知精神，各级人民法院都应当高度重视和加强破产案件的立案受理工作。为了提高效率，真正保障当事人的破产申请权，我国《企业破产法》及相关司法解释要求：对于债权人提出的破产申请，人民法院应当在债务人异议期满之日起十日内作出是否受理债权人破产申请的裁定。债权人人数众多或债权债务关系比较复杂的，经过上一级人民法院批准，作出裁定的时间最多可以延长十五日。为了克服破产案件"受理难"的问题，保障申请人的合法权益，现行破产法强化了上一级法院对下级法院在破产案件立案受理阶段的审判监督职责。根据《最高人民法院关于适用〈中华人民共和国企业破产法〉若干问题的规定（一）》第九条的规定，受诉法院超期未作出回复的，除督促受诉法院履行职责外，申请人也可以直接向受诉法院的上一级法院提出破产申请。前述案例中，G公司提交破产申请后，受诉法院收到相关材料三个月都未作出是否受理的裁定，严重违反了现行破产法及相关司法解释对破产申请受理期限的规定，属于违法行为。为保障自己的合法权益，G公司可以向上一级人民法院提出破产申请。

相关法条

《中华人民共和国企业破产法》

第十条 债权人提出破产申请的，人民法院应当自收到申请之日起五日内通知债务人。债务人对申请有异议的，应当自收到人民法院的通知之日起七日内向人民法院提出。人民法院应当自异议期满之日起十日内裁定是否受理。

除前款规定的情形外，人民法院应当自收到破产申请之日起十五日内裁定是否受理。

有特殊情况需要延长前两款规定的裁定受理期限的，经上一级人民法院批准，可以延长十五日。

第十一条 人民法院受理破产申请的，应当自裁定作出之日起五日内送达申请人。

债权人提出申请的，人民法院应当自裁定作出之日起五日内送达债务人。债务人应当自裁定送达之日起十五日内，向人民法院提交财产状况说明、债务清册、债权清册、有关财务会计报告以及职工工资的支付和社会保险费用的缴纳情况。

第十四条 人民法院应当自裁定受理破产申请之日起二十五日内通知已知债权人，并予以公告。

通知和公告应当载明下列事项：

（一）申请人、被申请人的名称或者姓名；

（二）人民法院受理破产申请的时间；

（三）申报债权的期限、地点和注意事项；

（四）管理人的名称或者姓名及其处理事务的地址；

（五）债务人的债务人或者财产持有人应当向管理人清偿债务或者交付财产的要求；

（六）第一次债权人会议召开的时间和地点；

（七）人民法院认为应当通知和公告的其他事项。

《最高人民法院关于适用〈中华人民共和国企业破产法〉若干问题的规定（一）》

第七条 人民法院收到破产申请时，应当向申请人出具收到申请及所附证据的书面凭证。

人民法院收到破产申请后应当及时对申请人的主体资格、债务人的主体资格和破产原因，以及有关材料和证据等进行审查，并依据企业破产法第十条的规定作出是否受理的裁定。

人民法院认为申请人应当补充、补正相关材料的，应当自收到破产申请之日起五日内告知申请人。当事人补充、补正相关材料的期间不计入企业破产法第十条规定的期限。

第九条　申请人向人民法院提出破产申请，人民法院未接收其申请，或者未按本规定第七条执行的，申请人可以向上一级人民法院提出破产申请。

上一级人民法院接到破产申请后，应当责令下级法院依法审查并及时作出是否受理的裁定；下级法院仍不作出是否受理裁定的，上一级人民法院可以径行作出裁定。

上一级人民法院裁定受理破产申请的，可以同时指令下级人民法院审理该案件。

《最高人民法院关于破产案件立案受理有关问题的通知》

四、债权人提出破产申请的，审判业务部门应当自债务人异议期满之日起十日内裁定是否受理。其他情形的，审判业务部门应当自人民法院收到破产申请之日起十五日内裁定是否受理。

有特殊情况需要延长上述审限的，经上一级人民法院批准，可以延长十五日。

五、立案受理阶段债务人的异议权与相关材料的提交

根据我国《企业破产法》第二条的规定，引发债务人破产或重整的实质原因是债务人缺乏清偿能力，这也是人民法院受理破产申请的审查标准。债务人缺乏清偿能力表现为债务人资不抵债或明显缺乏偿债能力，不能偿还到期债务。值得注意的是，此处强调的是债务人穷尽所有力量也不足以以其财产、信用、资质或者其他能力等方法履行债务，这是一个比较客观的标准。基于破产法基本理论，

此乃破产原因或重整原因的应然状态。

为保障债权人的合法权益，法律赋予债权人破产申请权。根据我国《企业破产法》第七条第二款的规定，债权人对债务人提出破产清算或重整申请的，不必对债务人破产原因进行详细阐释，只需要明确债务人无法偿还到期债务即可。那么，何以确定债务人不能清偿到期债务呢？司法实践中，如同时出现以下情形，人民法院便会依法认定这一事实：第一，债权债务关系真实合法有效成立；第二，债务履行期限届满；第三，债务人未完全清偿债务。市场交易中，不乏债务人通过"跑路"这一方式逃避债务，此乃债务人不清偿债务的外观行为之一，但是债务人的外观行为与其客观财产状况并不一定完全相符，而破产清算或重整公告又牵涉多方利益，贸然受理债权人的破产申请可能会给债务人的利益造成损害。况且实践中也发生了债权人通过破产宣告的手段损害债务人商誉的先例。为了查明破产原因之真实性，我国《企业破产法》赋予债务人以异议权，当债权人提出破产申请的，人民法院应当依法通知债务人，债务人认为自己不存在破产原因或者对该债权人的债权有异议的，有权向人民法院提出异议。

债务人行使异议权时应遵守法律规定，在异议期内通过书面方式提出。根据我国《企业破产法》的规定，异议期为七日，自债务人收到人民法院的书面通知之日起计算。为给债务人异议提供证据支撑，债务人应当在提交异议申请的同时提交相关资料，例如企业财务状况说明、债权债务关系说明等可以证明自己不符合破产条件的材料，以便于人民法院对破产申请和债权债务关系进行核实。

案例解析

债务人对债权人的破产申请有异议，应如何做才能最大程度保障自己的合法权益？

L公司系一家集科研、生产、销售于一体的民营高新技术企业，该公司由自然人赵某、钱某、聂某、宁某四人出资设立。2016年，该公司资金周转紧张，遂通过钱某的关系向钱某的儿子钱小某借款人民币500万元，借期为两年，借款期限为2016年6月1日至2018年5月31日，利息按年利率24%计算，利随本清。该笔债务到期后，L公司无力偿还，双方在人民法院主持下达成调解，约定L公司分期偿还欠款和利息。调解协议生效后，L公司并未按约履行。多次催收无果后，钱小某以L公司资不抵债，不能偿还到期债务为由向人民法院提出破产清算申请，并通过其父亲的关系提交了L公司的负债信息。人民法院依法通知了L公司。L公司知道钱小某的破产申请后，认为自己虽陷入经营困境，但没有到要破产的地步。那么，L公司应如何应对才能最大程度保障自己的合法权益呢？

我国《企业破产法》第十条第一款明确规定："债权人提出破产申请的，人民法院应当自收到申请之日起五日内通知债务人。债务人对申请有异议的，应当自收到人民法院的通知之日起七日内向人民法院提出。人民法院应当自异议期满之日起十日内裁定是否受理。"据此可知，债权人提出破产申请时，债务人依法享有异议权。上述案例中，若L公司认为自己不存在破产原因，应当在异议期限内向人民法院提出异议申请并提交相关证明材料。为准确表达自己的意向，L公司应在异议申请书中载明当事人的基本情况、自己提出异议的事实与理由等内容。

对于异议之理由，如 L 公司认为自己尚有偿还债务之能力，则应阐明自己的资产状况和相关财务信息；如 L 公司认为钱小某不具备申请破产的主体资格，则应阐明钱小某并非权利主体或该笔债权不属实或已清偿完毕等事实。除此之外，由于此时人民法院尚未裁定受理破产申请，钱小某依法享有撤回权，所以 L 公司还可以与钱小某积极磋商偿还欠款之事宜，使其撤回破产申请。

相关法条

《中华人民共和国企业破产法》

第十条　债权人提出破产申请的，人民法院应当自收到申请之日起五日内通知债务人。债务人对申请有异议的，应当自收到人民法院的通知之日起七日内向人民法院提出。人民法院应当自异议期满之日起十日内裁定是否受理。

除前款规定的情形外，人民法院应当自收到破产申请之日起十五日内裁定是否受理。

有特殊情况需要延长前两款规定的裁定受理期限的，经上一级人民法院批准，可以延长十五日。

《最高人民法院关于适用〈中华人民共和国企业破产法〉若干问题的规定（一）》

第二条　下列情形同时存在的，人民法院应当认定债务人不能清偿到期债务：

（一）债权债务关系依法成立；

（二）债务履行期限已经届满；

（三）债务人未完全清偿债务。

第五条 企业法人已解散但未清算或者未在合理期限内清算完毕，债权人申请债务人破产清算的，除债务人在法定异议期限内举证证明其未出现破产原因外，人民法院应当受理。

六、人民法院对破产申请的不予受理或驳回

从法律角度看，破产程序是为保护多数债权人的利益，在债务人丧失清偿能力时，由人民法院对债务人的所有财产依法分配的程序。由于企业法人以其全部财产对公司的债务承担责任，这使破产程序也可以在一定程度上帮助债务人顺利退出市场。事实上，市场交易中，破产宣告已成为企业法人的市场退出机制之一。然而，破产程序在发挥其正常保护功能的同时，也存在被滥用的情况。由于道德风险的存在，市场竞争过程中不可避免地存在企业通过恶意申请破产，借机逃避债务或损害被申请人商业信誉的不正当行为。实践中，有的企业通过预先转移、隐匿、低价转让公司资产等不正当手段使企业在外观上丧失实际清偿能力，进而通过破产清算申请的手段逃避债务；有的企业采用先进行公司分立，然后采取系列措施申请破产清算的方式逃避债务。

为了保护当事人和利害关系人的合法权益，在收到破产申请及相关证据材料之后，人民法院将对前述资料进行审查，以裁定是否受理该申请。如前文所述，人民法院受理破产申请的前提是债务人丧失清偿能力，如果人民法院审查后发现存在破产原因或重整原因，即会受理该案。如果人民法院审查后认为出现下列情形，便会作出不予受理的裁定：第一，破产申请不符合《企业破产法》规定的条件的；第二，债务人存在隐匿、转移财产等行为，申请破产为了逃避债务的；第三，债权人是为借破产申请毁损债务人商业信誉，进行不正当竞争的。

第二章 破产程序的启动

司法实践中，当事人之间的法律关系纷繁复杂，债务人的体量不一和道德风险的存在导致破产案件的情况也多种多样，再加上法律对人民法院的审查期限作出了严格的限制性规定，如果破产案件案情复杂，人民法院往往难以在立案受理的审查阶段便查清全部事实。所以，在人民法院根据基本事实作出债务人存在破产原因的基本判断并受理该案的破产申请后，人民法院仍会认真审慎地对债务人是否符合破产条件的事实及相关证据材料进行审查。如果人民法院在进一步审查中发现债务人没有达到破产条件的，仍然会依法裁定驳回破产申请。不予受理或驳回申请的裁定对申请人的权利将产生重要影响，我国《企业破产法》已明确规定了此种情形下当事人的救济方式。根据法律规定，申请人对人民法院不予受理或驳回破产申请的裁定不服的，可以在裁定送达之日起十日内向受诉法院的上一级人民法院提出上诉。

案例解析

债务人为逃避债务申请破产清算，将产生何种不利法律后果？

M公司设立于2002年，主要经营农副产品购销、棉纱、棉花、麻类加工机械、棉麻检验用分析仪器、针织、纺织品、百货、日用杂品、仓储、棉麻检验及加工人员培训等业务。该公司在我国某商业银行位于丙省丁县的A支行开户。自设立以来，M公司为生产经营目的在A支行贷款上亿元，截至2017年9月，M公司在A支行仍有1520万元到期欠款未归还。在一次例行检查中，A支行发现M公司在暗中处置有效资产，在没有通知抵押权人A支行的情况下，将该公司抵押给A支行的机械设备转让给第三人。A支行认为M公司信用不良，便对M公司采取了停贷措施，并于2017年11月以M公司急于清偿债务为由向人民法院起诉。同年12月,M公司为了逃避债务,伪造证据材料向人民法院提交了破产申请。M公司的行为将导致何种不利法律后果?A支行可以采取何种措施阻止M公司被宣告破产?

根据我国《企业破产法》第二条和《最高人民法院关于审理企业破产案件若干问题的规定》第十二条的相关规定,M公司伪造证据材料,以逃避债务为目的申请破产的行为系违法行为。如果人民法院在立案受理阶段的审查过程中发现M公司提交的证明材料系伪造,或认为M公司不存在破产原因,将会依法作出不予受理的裁定。如果人民法院基于其他原因受理了M公司的破产申请,在破产宣告前发现M公司不符合破产条件,将会依法作出驳回破产申请的裁定。鉴于人民法院在受理破产申请后将通知债权人,A支行作为已知债权人和积极行权(已向人民法院起诉)的债权人,可以向人民法院提出申诉,指出M公司的破产申请不符合法定条件,阐明该公司的违法行为(例如隐匿、转移财产等),并提交相关的证明材料供人民法院核实,以期人民法院作出合乎事实与法律的裁定。

相关法条

《中华人民共和国企业破产法》

第十二条 人民法院裁定不受理破产申请的,应当自裁定作出之日起五日内送达申请人并说明理由。申请人对裁定不服的,可以自裁定送达之日起十日内向上一级人民法院提起上诉。

人民法院受理破产申请后至破产宣告前,经审查发现债务人不符合本法第二条规定情形的,可以裁定驳回申请。申请人对裁定不服的,可以自裁定送达之日起十日内向上一级人民法院提起上诉。

《最高人民法院〈关于审理企业破产案件若干问题的规定〉》

第十二条 人民法院经审查发现有下列情况的，破产申请不予受理：

（一）债务人有隐匿、转移财产等行为，为了逃避债务而申请破产的；

（二）债权人借破产申请毁损债务人商业信誉，意图损害公平竞争的。

第十四条 人民法院受理企业破产案件后，发现不符合法律规定的受理条件或者有本规定第十二条所列情形的，应当裁定驳回破产申请。

人民法院受理债务人的破产申请后，发现债务人巨额财产下落不明且不能合理解释财产去向的，应当裁定驳回破产申请。

破产申请人对驳回破产申请的裁定不服的，可以在裁定送达之日起十日内向上一级人民法院提起上诉。

七、网络平台破产申请的提出与受理

2016年8月1日，最高人民法院建立的全国企业破产重整案件信息网正式运行。该网站由全国企业破产重整案件信息互联网、企业破产案件法官工作平台和破产管理人工作平台三个部分组成。全国企业破产重整案件信息网根据案件流程全公开原则，对破产案件的各类信息进行分级发布，使社会公众能够通过网站披露的信息获取相关破产重整企业的信息。同时，信息网坚持实现"破产案件全覆盖、利益主体全覆盖、法律流程全覆盖"之目的，债权人、债务人等有权依法提出破产申请的法律主体在全国企业破产重整案件信息网实名注册之后，便可以通过该网站依法行使《企业破产法》规定的相关权利，例如申请预约立案、债权申报、提出异议、参与债权人会议等。总体而言，全国企业破产重整案件信息网的建构拓宽了债权人、债务人等利害关系人获取破产案件各类信息的渠道，有效提高了破产案件程序运行的效率，有助于监督和规范破产受理、审理司法行为，对于促进市场出清，防范化解重大风险有十分重要的意义。

根据最高人民法院《关于企业破产案件信息公开的规定（试行）》和《企业破产案件法官工作平台使用办法（试行）》的规定，债权人、债务人等主体通过全国企业破产重整案件信息网提出破产申请时，需要注意以下三个问题：第一，申请人应当上传有效身份信息完成实名注册，然后根据《企业破产法》第八条的规定提交申请材料；第二，申请人注册时应注意预留有效的联系方式（电话号码、电子邮箱），以便接收立案部门的审查结论；第三，申请人收到立案部门的通知后，应当在指定期限内到人民法院立案窗口提交破产申请书及其他上传的材料完成立案。需要注意的是，通过网络平台预约立案并不意味着立案申请一定成功，如果立案部门审查申请人提交的资料后，认为应当补充提交的，申请人应当在指定期限内补充提交，否则将被视为自动撤回了网上预约立案申请。

对于人民法院而言，立案部门收到申请人的预约立案申请后，应当依法对申请人提交的材料进行形式审查并将审查结论通过短信、电子邮件等方式反馈给申请人，通知其在指定期限内补充上传材料或到人民法院立案窗口提交破产申请等资料。为提高立案效率，防止破产申请久拖不立，最高人民法院将形式审查期限设置为七个工作日，自收到申请之日起计算。如果立案部门逾期未通知申请人的，将被上级人民法院通报。

相关法条

最高人民法院《关于企业破产案件信息公开的规定（试行）》

第九条 申请人可以在破产重整案件信息网实名注册后申请预约立案并提交有关材料的电子文档。人民法院审查通过后，应当通知申请人到人民法院立案窗口办理立案登记。

《企业破产案件法官工作平台使用办法（试行）》

第六条 申请人在破产重整案件信息网申请网上预约立案的，应当进行网上实名注册，上传有效身份信息，并按企业破产法第八条的规定提交相关材料。

第七条 立案部门收到网上预约立案申请后，应当对申请人上传的材料是否符合法律规定进行形式审查，并在收到网上预约立案申请之日起七个工作日内将审查结论以电子邮件、移动通信等申请人预留的联系方式通知申请人。

第八条 立案部门认为申请人的网上预约立案申请符合法律规定的形式要件的，应当通知申请人在指定期限内向人民法院立案窗口提交破产申请书及其他上传的材料。

立案部门认为申请人应当补充材料的，应当自收到网上预约立案申请之日起七个工作日内通知申请人在指定期限内补充材料。申请人未按指定期限补充材料的，按自动撤回网上预约立案申请处理。

第九条 上级人民法院负责对网上预约立案情况进行监督。立案部门逾期不通知申请人的，上级人民法院应当定期予以通报。

八、破产前的审计

根据《最高人民法院关于适用〈中华人民共和国企业破产法〉若干问题的规定（一）》第三条之规定，如债务人的审计报告、资产评估报告等显示全部资产不足以清偿全部负债的，人民法院应当认定债务人资产不足以清偿全部债务，除非另有证据足以推翻该推定。由此可见，人民法院在审理破产案件过程中，可以将债务人的审计报告等资料作为判断依据。此外，《全国法院破产审判工作会议纪要》也指出，破产程序开始后，如果在债务人的第一次债权人会议上无人提出重整或和解申请，在经过债权审核确认和必要的审计、资产评估后，管理人应当及时向人民法院提出宣告破产的申请。根据前述规定可知，审计在破产程序中是非常重要的。

根据发生时间的不同，破产审计可分为破产前的审计和破产后（破产程序开始后）的审计。破产前的审计通常由债务人或债权人委托专业审计机构进行，主要目的在于对债务人的资产、负债及所有者权益的账面情况进行核查，以期对债务人是否存在破产原因提供较为客观的鉴证，为委托人的下一步行动提供依据。具体而言，审计机构需要对以下内容展开核查：（1）核查债务人在银行的货币资金状况，确认债务人的银行存款与其提供的信息是否相符；（2）核查债务人的应收账款情况，并对该款项进行分类分析；（3）核查债务人的固定资产状况，并进行分类处理；（4）核查债务人的无形资产、在建工程状况，并对会计账务处理进行合法性审查，如果债务人系生产制造或贸易型企业的，还应当核查其存货状况；（5）核查债务人应付款产生的原因、方式、金额、担保情况及相关证据材料；（6）核查债务人的注册资本、实收资本、资本公积金等情况，并结合前述资料确认企业的所有者权益。

破产开始后，通常由破产管理人委托审计，管理人本身为具有相应资质的会计师或会计师事务所的，可由管理人自行负责审计。除核实债务人的资产、负债和所有者权益情况外，必要时，审计机构还需要对破产程序开始后至破产程序终结之前债务人的盈亏情况和职工安置费用等事项展开审计。需要注意的是，管理人聘请专业审计机构的费用需要列入破产费用的，必须经过债权人会议同意。

> 相关法条

《最高人民法院关于适用〈中华人民共和国企业破产法〉若干问题的规定（一）》

第三条　债务人的资产负债表，或者审计报告、资产评估报告等显示其全部资产不足以偿付全部负债的，人民法院应当认定债务人资产不足以清偿全部债务，但有相反证据足以证明债务人资产能够偿付全部负债的除外。

《全国法院破产审判工作会议纪要》

11.管理人聘用其他人员费用负担的规制。管理人经人民法院许可聘用企业经营管理人员，或者管理人确有必要聘请其他社会中介机构或人员处理重大诉讼、仲裁、执行或审计等专业性较强工作，如所需费用需要列入破产费用的，应当经债权人会议同意。

23.破产宣告的条件。人民法院受理破产清算申请后，第一次债权人会议上无人提出重整或和解申请的，管理人应当在债权审核确认和必要的审计、资产评估后，及时向人民法院提出宣告破产的申请。人民法院受理破产和解或重整申请后，债务人出现应当宣告破产的法定原因时，人民法院应当依法宣告债务人破产。

第二节　破产受理

一、人民法院对破产管理人的指定

破产程序开始后，需要对债务人的财产进行持续管理，考虑到在进行破产清算、重整的过程中，债务人及其管理层存在潜在的道德风险，债权人或其他利害关系人之间也存在各种利益冲突，再加上破产案件工作冗杂烦琐，人民法院的人力、财力及其作为司法机关的特殊属性使其也无法胜任此工作。因此，为了保障债权人的利益，防止债务人随意处置财产，各国法律无一例外地设立了专门机构参与破产程序，执行破产财产和相关事务的管理工作。早前，我国负责此类工作的机构是由主管机关或者人民法院组织有关机关及相关人员组成的清算组织，也称破产清算组。由于破产清算组自身的局限性，我国《企业破产法》引入了破产管理人制度，人民法院受理破产申请后，破产管理人将接管债务人的财产，并在破产程序中负责管理、处分债务人财产和其他事务。值得注意的是，破产管理人可以是组织，也可以是个人。实践中，对于事实清楚、债权债务关系简单、债务人财产相对集中的破产案件，可以由个人担任破产管理人。

破产管理人的职责决定了破产管理人的选任至关重要，稍有不慎，便可能导致不公平现象的发生，这就引发了破产管理人的选任主体由谁承担的问题。正如前文所言，如果允许债务人或债权人等利害关系人选任破产管理人，为追逐私利，或多或少会出现利益偏颇。所以，《企业破产法》仅赋予人民法院指定破产管理人的权利，为兼顾债权人的利益，该法第二十二条同时规定了债权人会议的异议权。债权人会议的异议权，是指当债权人会议认为管理人不能依法、公正执行职务或出现其他不能胜任管理人职务的情形的，债权人会议有权向人民法院申请更换管理人。

为确保管理人具有良好的业务能力和品行状况以保障破产程序的有效进行，高级人民法院等有权机关编制管理人名册以收录具有破产管理人资格的机构。人民法院一般在本地管理人名册中依法选任管理人，但是，如果债务人系商业银行、证券公司、保险公司等金融机构，或破产案件在全国范围内有重大影响、法律关系复杂以及债务人财产分散的，人民法院可以跨区域指定管理人。

进入破产程序后，与债务人有关的其他法律程序也会受到影响，所以破产管理人的选任时间也是一个重要的法律问题。由于各国立法例的不同，破产程序中管理人选任的时间也存在差异。根据我国《企业破产法》的规定，破产程序自人民法院受理破产申请时开始，此时，债务人的民事地位便发生了变化，不能再对其财产进行管理和处分。为防止债务人财产因无人管理而发生损失，所以人民法院在裁定受理破产申请时，同时也会作出指定管理人的决定。该决定一经作出即发生法律效力，被指定人无正当理由不得拒绝。

> 案例解析

债权人认为管理人履职不当，是否可以要求更换管理人？

2019年1月15日，Z公司因不能清偿到期债务，并且资产不足以清偿全部债务被人民法院裁定进入破产程序。作出受理破产申请当日，人民法院指定P机构为Z公司管理人。为尽快实现债权，向人民法院提出破产申请的A公司主动告知P机构：Z公司对该公司股东赵某享有一笔到期债权，截至2019年1月15日，赵某尚未履行还款义务，本金和利息加起来应该很可观，现赵某正在私下转移财产，希望P机构抓紧时间向赵某催收。P机构表示如经查证属实，将会马上采取措施。P机构查证后发现，赵某已经履行还款义务，便向全体债权人通知了此事。A公司怀疑P机构与赵某恶意串通拒不履行管理人职责，遂向人民法院提出更换管理人的申请。那么，A公司是否有权提出更换管理人的申请呢？

我国《企业破产法》第二十二条规定："管理人由人民法院指定。债权人会议认为管理人不能依法、公正执行职务或者有其他不能胜任职务情形的，可以申请人民法院予以更换。指定管理人和确定管理人报酬的办法，由最高人民法院规定。"根据该条规定，尽管债权人不能主动选任破产管理人，但是如果管理人不能依法公正地履行职责，债权人会议可以行使异议权，申请人民法院更换管理人。需要注意的是，异议权的行使是有条件的，就行使主体而言，更换申请只能由债权人会议提出；就行使条件而言，必须是破产管理人存在不能胜任职务的情形，例如未按法律规定履行职责，管理人的履职行为不符合选任时约定的要求或管理人缺乏专业素质或在履职过程中有违法行为，等等。上述案例中，A公司以P机构与次债务人恶意串通，拒不履行职务为由要求更换管理人的行为是错误的，A公司作为债权人，并不具备申请更换破产管理人的主体资格，确需更换管理人的，也应当通过债权人会议提出。

相关法条

《中华人民共和国企业破产法》

第十三条 人民法院裁定受理破产申请的,应当同时指定管理人。

第二十二条 管理人由人民法院指定。

债权人会议认为管理人不能依法、公正执行职务或者有其他不能胜任职务情形的,可以申请人民法院予以更换。

指定管理人和确定管理人报酬的办法,由最高人民法院规定。

《最高人民法院关于适用〈中华人民共和国企业破产法〉若干问题的规定(二)》

第二十三条 破产申请受理后,债权人就债务人财产向人民法院提起本规定第二十一条第一款所列诉讼的,人民法院不予受理。

债权人通过债权人会议或者债权人委员会,要求管理人依法向次债务人、债务人的出资人等追收债务人财产,管理人无正当理由拒绝追收,债权人会议依据企业破产法第二十二条的规定,申请人民法院更换管理人的,人民法院应予支持。

管理人不予追收,个别债权人代表全体债权人提起相关诉讼,主张次债务人或者债务人的出资人等向债务人清偿或者返还债务人财产,或者依法申请合并破产的,人民法院应予受理。

二、受理破产申请的通知及公告

法院受理破产案件后,还应当依法履行通知及公告程序,即人民法院裁定受理破产申请后,应当依照法定程序、法定方式,向未提出破产申请的债权人及其他利害关系人(如次债务人、未履行完毕合同的当事人）送达破产案件文书。破产程序涉及多方主体的利益，通知和公告程序可以在最大程度上实现通知失联债权人、未知债权人及利害关系人的目的，促使其依法行使权利或履行义务，以帮助债权人获得公平受偿。

根据我国《企业破产法》的规定，通知和公告应当包括以下内容：（1）申请人、被申请人的名称（姓名）；（2）人民法院受理破产申请的具体时间；（3）破产管理人的名称（姓名）、地址及联系方式；（4）债权申报的期限、地点及其他注意事项，债权申报期限自人民法院发布受理破产申请公告之日起计算，最短不得少于30日，最长不得超过3个月，具体时间由受诉法院根据具体情况确定，在前述期限内，债权人都可以向管理人申报债权；（5）次债务人或债务人的财产持有人向管理人履行清偿义务或交付义务的要求；（6）第一次债权人会议召开的时间、地点及其他注意事项；（7）人民法院认为应该公告或通知的其他事项，例如破产程序中债务人的义务等。值得注意的是，通知公告中所指的"次债务人"包括破产申请受理前对债务人负有债务的任何人。"财产持有人"包括破产程序开始时实际占有债务人的财产（包括债务人自己所有的财产和债务人经营管理的财产）的任何人。

为保证破产程序高效、顺利进行，人民法院应在受理破产申请之日起25日内依法履行通知公告职责。关于通知公告的渠道，法律并未作出明确限制。实践中，人民法院可以通过法院公告栏、全国公开发行的报纸（如《人民法院报》《法制日报》等）、官方网站（如中国法院网、全国企业破产重整案件信息网等）等渠道刊登公告。

> 案例解析

利害关系人可以通过何种方式查询破产案件信息？

L 公司系一家小型纸业公司。2017 年，L 公司与业内大企业 M 公司签订购销合同，约定由 L 公司向 M 公司供应瓦楞纸，货款结算方式为先发货再付款。合同签订后，L 公司先后按 M 公司的要求供应价值 70 余万元的瓦楞纸，M 公司支付了 54 万元货款。2018 年 6 月 6 日，L 公司以 M 公司预期违约为由解除了购销合同，并要求 M 公司在 2018 年 7 月 1 日之前将全部货款一次性支付至 L 公司账户。6 月下旬，M 公司被曝出生产违规、高层携款逃跑等新闻，甚至传出了该公司资不抵债、濒临破产的消息。L 公司的管理人听闻此事后，深感不安，怕自己的债权不能实现，白忙活一场，到处打听 M 公司的情况，想知道对方破产的消息是否属实。无奈众说纷纭，均无定论。L 公司可从何处获知 M 公司是否破产的官方消息呢？

我国《企业破产法》第十四条第一款规定："人民法院应当自裁定受理破产申请之日起二十五日内通知已知债权人，并予以公告。"此乃人民法院依法应当履行的通知公告义务，也是我们了解相关企业破产案件信息的渠道。根据该条规定可知，人民法院在受理破产申请之后，将向外界公告破产案件的基本情况，此类信息是公开的，任何人都可以查询到。前述案例中，如果 L 公司想知道 M 公司是否存在破产情况，可以特别关注全国企业破产重整案件信息网及中国法院网，以及时获取权威信息，及时向管理人申报债权。

相关法条

《中华人民共和国企业破产法》

第十四条　人民法院应当自裁定受理破产申请之日起二十五日内通知已知债权人，并予以公告。

通知和公告应当载明下列事项：

（一）申请人、被申请人的名称或者姓名；

（二）人民法院受理破产申请的时间；

（三）申报债权的期限、地点和注意事项；

（四）管理人的名称或者姓名及其处理事务的地址；

（五）债务人的债务人或者财产持有人应当向管理人清偿债务或者交付财产的要求；

（六）第一次债权人会议召开的时间和地点；

（七）人民法院认为应当通知和公告的其他事项。

三、债务人的有关人员的义务

为保障破产程序顺利进行，债务人的有关人员负有配合人民法院、管理人工作的义务，此乃债务人的有关人员的法定义务，不得拒绝履行，否则将面临罚款、训诫、拘留等强制措施。根据我国《企业破产法》第十五条的规定，此处所说的有关人员，是指公司的法定代表人，特殊情况下，经人民法院决定，公司的财务管理人员和其他经营管理人员（如经理、董事、监事等）也有配合义务。需要注意的是，有关人员的配合义务并不是无期限的，其始于人民法院受理破产申请的裁定送达债务人之日，止于破产程序终结之日。

破产程序中,债务人的有关人员的义务主要包括以下内容。第一,保管义务,即相关人员在依法将债务人财产、印章和账簿、文书等资料全部移交给管理人之前,应当妥善保管,不得有任何隐匿或处分行为,包括私自分享、赠与他人、以明显不合理的低价转让等。第二,协助和如实陈述义务,这分为两个方面:一是有关人员尤其是法定代表人应当积极配合人民法院和管理人的工作,根据对方的要求出席会议、如实回答管理人提出的问题并说明情况,协助管理人工作;二是有关人员应当按要求出席债权人会议,并如实回复债权人提出的疑问。第三,报告义务,为防止债务人"跑路",法律禁止有关人员擅自离开住所地,确需离开的,应获得人民法院的许可。第四,从业限制义务,该义务要求债务人的有关人员在破产程序开始后,不能新任其他公司的董事、监事或高级管理人员。

案例解析

债务人的法定代表人能否拒绝将公司财产移交给管理人?

2019年2月26日,人民法院裁定受理B公司的破产清算申请并于作出裁定当日将裁定书送达B公司,B公司将此消息发布在了公司内网公告栏。同日,受诉法院指定J律所作为B公司的破产管理人,J律所指派杜某带领邹某、刘某等人承办该案。杜某收到人民法院的通知后,于2月27日发出要求B公司及其法定代表人王某、财务管理人员姚某等人于2019年3月4日之前向管理人移交其占有和管理的公司财产、印章、账簿、文书等资料的函告,还将应移交材料的清单作为附件放在函告之后一并送达B公司。后B公司按要求提交了移交清单上的大部分内容。杜某等人在审核移交的财产和资料时发现,B公司提供给法定代表人王某工作使用的汽车并未移交，也未作出相应的情况说明。2019年3月，邹某等人多次与王某交涉，要求其移交汽车，均被王某以各种理由拒绝。王某的行为是否正确，可能导致何种法律后果？

我国《企业破产法》第十五条第一款第一项、第二项规定："自人民法院受理破产申请的裁定送达债务人之日起至破产程序终结之日，债务人的有关人员承担下列义务：（一）妥善保管其占有和管理的财产、印章和账簿、文书等资料；（二）根据人民法院、管理人的要求进行工作，并如实回答询问；……"第一百二十七条第二款规定："债务人违反本法规定，拒不向管理人移交财产、印章和账簿、文书等资料的，或者伪造、销毁有关财产证据材料而使财产状况不明的，人民法院可以对直接责任人员依法处以罚款。"根据前述规定可知，破产程序开始后，债务人的有关人员和财产持有人应当妥善保管并根据管理人要求移交其占有的公司财产，否则将遭受罚款的强制措施。在本案中，B 公司于2019 年 2 月 26 日收到破产案件受理的裁定书，自此，该公司的法定代表人、经营管理人员即应积极配合人民法院和管理人工作。依据案例可知，王某所占有的汽车乃公司为方便其开展工作而提供，不是王某的个人财产。根据前述法律的规定，公司进入破产程序后，王某作为 B 公司的法定代表人和财产占有人，依法负有妥善保管并向管理人移交其占有的公司财产的义务，其拒绝交付财产的行为违反了法律规定，面临被人民法院处以罚款的强制措施。

相关法条

《中华人民共和国企业破产法》

第十五条　自人民法院受理破产申请的裁定送达债务人之日起至破产程序终结之日，债务人的有关人员承担下列义务：

（一）妥善保管其占有和管理的财产、印章和账簿、文书等资料；

（二）根据人民法院、管理人的要求进行工作，并如实回答询问；

（三）列席债权人会议并如实回答债权人的询问；

（四）未经人民法院许可，不得离开住所地；

（五）不得新任其他企业的董事、监事、高级管理人员。

前款所称有关人员，是指企业的法定代表人；经人民法院决定，可以包括企业的财务管理人员和其他经营管理人员。

第一百二十六条　有义务列席债权人会议的债务人的有关人员，经人民法院传唤，无正当理由拒不列席债权人会议的，人民法院可以拘传，并依法处以罚款。债务人的有关人员违反本法规定，拒不陈述、回答，或者作虚假陈述、回答的，人民法院可以依法处以罚款。

第一百二十七条　债务人违反本法规定，拒不向人民法院提交或者提交不真实的财产状况说明、债务清册、债权清册、有关财务会计报告以及职工工资的支付情况和社会保险费用的缴纳情况的，人民法院可以对直接责任人员依法处以罚款。

债务人违反本法规定，拒不向管理人移交财产、印章和账簿、文书等资料的，或者伪造、销毁有关财产证据材料而使财产状况不明的，人民法院可以对直接责任人员依法处以罚款。

第一百二十九条　债务人的有关人员违反本法规定，擅自离开住所地的，人民法院可以予以训诫、拘留，可以依法并处罚款。

《最高人民法院关于适用〈中华人民共和国企业破产法〉若干问题的规定(一)》

第六条 债权人申请债务人破产的,应当提交债务人不能清偿到期债务的有关证据。债务人对债权人的申请未在法定期限内向人民法院提出异议,或者异议不成立的,人民法院应当依法裁定受理破产申请。

受理破产申请后,人民法院应当责令债务人依法提交其财产状况说明、债务清册、债权清册、财务会计报告等有关材料,债务人拒不提交的,人民法院可以对债务人的直接责任人员采取罚款等强制措施。

四、禁止个别清偿

个别清偿,是指债务人在对多个债权人负债的情况下,只对个别债权人清偿债务的行为。当前,法律禁止的个别清偿主要有两种:一是破产程序开始后,债务人进行的个别清偿;二是在人民法院受理破产申请前6个月,债务人出现破产原因仍作出个别清偿行为的。

破产程序中,如果破产财产不能满足同一顺位的债权人的清偿要求,则该顺位债权人将按比例获得清偿。如果允许债务人对个别债权人进行债务清偿,将会侵害同一顺位的债权人的平等受偿权,导致有的债权人可以获得全部清偿,有的债权人不能获得或获得较少清偿。此外,也可能发生债务人利用此种手段转移财产的问题。因此,我国《企业破产法》规定,人民法院受理破产申请之后,债务人的个别清偿行为无效。

实践中,也曾出现过债务人或债权人为规避法律,在破产程序开始前就清偿债务或瓜分债务人财产的情况。为规制此类行为,我国《企业破产法》确立了个别清偿的可撤销制度,即在符合法律规定的情况下,管理人可依法请求撤销个别清偿行为并要求相对人返还财产。根据该法

第二章 破产程序的启动

第三十二条之规定,债务人的个别清偿行为成为可撤销行为须符合以下条件:其一,债务人在人民法院受理破产申请前六个月内作出个别清偿行为;其二,债务人作出个别清偿行为时已经出现不能清偿到期债务,并且资产不足以清偿全部债务或者明显缺乏清偿能力的情形;第三,债务人清偿的系已到期债务。

如前所述,并非所有的个别清偿行为都是可撤销行为,根据现行破产法及相关司法解释的规定,如果债务人对以其自有财产设定担保物权的债权进行的个别清偿(债务清偿时担保财产的价值低于债权额的除外),或债务人经诉讼、仲裁、执行程序对债权人进行的个别清偿(当事人恶意串通的除外),或其他使债务人财产获得利益的个别清偿,例如债务人为维系基本生产需要支付的水电费等个别清偿行为,均不在可撤销行为之列。

案例解析

个别清偿行为的撤销是否要求该行为使债权人的全部债权得以实现?

F公司因明显丧失清偿能力,于2019年3月1日向人民法院提出破产重整申请,受诉法院于2019年3月9日裁定受理该案。裁定书载明:经审计,截至2019年12月31日,该公司总资产为1834270186元,总负债为2768316017元(其中直接负债为1923450912元,担保债务为844865105元),上述债务均已到期,申请人已无力偿付,明显丧失清偿能力。同日,受诉法院作出指定管理人决定书,指定D律师事务所担任管理人。F公司的债权人K公司(同时也是债务人的关联公司)偶然发现:2017年7月2日,F公司向X公司借款200万元整,借期为一年,后F公司到期未还款。2018年12月2日,F公司以转账方式向该公司偿还借款利息8万元。为多一分实现债权的可能，K公司通过债权人会议将此事转告给了管理人，希望其向人民法院起诉要求撤销清偿利息的行为。管理人却拒绝了K公司的要求，说现在X公司仍然是债权人，2018年底的清偿行为没有全部实现X公司的债权，不符合个别清偿的撤销要件。如果K公司有意见，可以自己去起诉。管理人的行为有什么问题？K公司是否有权提起撤销权之诉？

管理人的说法和做法均存在错误。我国《企业破产法》第三十二条规定："人民法院受理破产申请前六个月内，债务人有本法第二条第一款规定的情形，仍对个别债权人进行清偿的，管理人有权请求人民法院予以撤销。但是，个别清偿使债务人财产受益的除外。"该法第二条第一款规定："企业法人不能清偿到期债务，并且资产不足以清偿全部债务或者明显缺乏清偿能力的，依照本法规定清理债务。"从前述法律规定可以看出，第一，撤销权行使的法律后果只是为了使债务人在破产申请受理前法定期间内实施的损害其他债权人利益的行为因被撤销而丧失法律效力，以追回财产。并且，撤销权的行使并不以个别清偿行为使个别债权人获得了全部清偿为要件。上述案例中，管理人错误理解了法律规范，并因此作出了错误决定。第二，撤销权的行使主体是管理人而非债权人或债权人会议，管理人要求债权人自行向人民法院申请撤销个别清偿行为的做法错误，K公司不能提起撤销权之诉。在本案中，如果K公司的说法经查证属实，则F公司向X公司支付利息的行为明显构成个别清偿，并且该清偿行为发生在人民法院受理破产申请前六个月内，依法应当予以撤销。鉴于管理人未履行好管理职责且存在主观过错，有不能胜任职务导致债务人财产不当减损之嫌，除通过债权人会议向人民法院申请更换管理人外，债权人还可以依《最高人民法院关于适用〈中华人民共和国企业破产法〉若干问题的规定（二）》第九条第二款的规定起诉要求管理人承担损害赔偿责任。

相关法条

《中华人民共和国企业破产法》

第十六条　人民法院受理破产申请后，债务人对个别债权人的债务清偿无效。

第二十二条第二款　债权人会议认为管理人不能依法、公正执行职务或者有其他不能胜任职务情形的，可以申请人民法院予以更换。

第三十二条　人民法院受理破产申请前六个月内，债务人有本法第二条第一款规定的情形，仍对个别债权人进行清偿的，管理人有权请求人民法院予以撤销。但是，个别清偿使债务人财产受益的除外。

第三十四条　因本法第三十一条、第三十二条或者第三十三条规定的行为而取得的债务人的财产，管理人有权追回。

第一百一十三条第二款　破产财产不足以清偿同一顺序的清偿要求的，按照比例分配。

《最高人民法院关于适用〈中华人民共和国企业破产法〉若干问题的规定（二）》

第九条　管理人依据企业破产法第三十一条和第三十二条的规定提起诉讼，请求撤销涉及债务人财产的相关行为并由相对人返还债务人财产的，人民法院应予支持。

管理人因过错未依法行使撤销权导致债务人财产不当减损，债权人提起诉讼主张管理人对其损失承担相应赔偿责任的，人民法院应予支持。

第十条　债务人经过行政清理程序转入破产程序的，企业破产法第三十一条和第三十二条规定的可撤销行为的起算点,为行政监管机构作出撤销决定之日。

债务人经过强制清算程序转入破产程序的,企业破产法第三十一条和第三十二条规定的可撤销行为的起算点,为人民法院裁定受理强制清算申请之日。

第十四条 债务人对以自有财产设定担保物权的债权进行的个别清偿,管理人依据企业破产法第三十二条的规定请求撤销的,人民法院不予支持。但是,债务清偿时担保财产的价值低于债权额的除外。

第十五条 债务人经诉讼、仲裁、执行程序对债权人进行的个别清偿,管理人依据企业破产法第三十二条的规定请求撤销的,人民法院不予支持。但是,债务人与债权人恶意串通损害其他债权人利益的除外。

第十六条 债务人对债权人进行的以下个别清偿,管理人依据企业破产法第三十二条的规定请求撤销的,人民法院不予支持:

(一)债务人为维系基本生产需要而支付水费、电费等的;

(二)债务人支付劳动报酬、人身损害赔偿金的;

(三)使债务人财产受益的其他个别清偿。

五、债务人的债务人或财产持有人的清偿与交付义务

为避免债务人的债务人和财产持有人私自处分债务人财产,我国《企业破产法》规定了债务人的债务人及财产持有人的清偿与交付义务,此义务要求债务人的债务人和债务人的财产持有人在人民法院受理破产申请后,向管理人清偿债务、交付财产。所谓"债务人的债务人",是指依法或根据合同约定对债务人负有债务的人,该债务的成立时间在所不问。"债务人的财产持有人",是指所有持有债务人财产的

人，只要符合此条件，无论其何时因何缘由持有债务人的财产，均负有交付财产之义务。人民法院通常是通过发布公告的方式告知债务人的债务人和财产持有人，要求其向管理人清偿债务或交付财产，管理人也有权要求债务人的债务人和财产持有人履行此义务。

清偿与交付义务系债务人的债务人和财产持有人的法定义务，非为法律特别规定不得免除。值得注意的是，为防止债务人借机隐匿或转移财产，妨害债权人利益，该义务的相对方是管理人，而非债务人。义务主体故意违反此要求向债务人清偿债务或交付财产，由此给债权人造成损失的，其行为不发生清偿债务或交付财产之效力，管理人仍有权要求其承担清偿债务或交付财产的法律责任。此处的"故意"，是指行为人明知人民法院已经受理破产申请，应当向管理人作出清偿债务或交付财产，却仍然向债务人清偿债务或交付财产的情形。司法实践中，除非义务主体能够证明自己的行为非"故意"向债务人履行义务，或债务人收到相关财产后移交给了管理人使该部分财产被纳入债务人财产的，义务主体才能免除自己二次承担清偿债务或交付财产的责任。

案例解析

次债务人明知债务人进入破产程序，还可以向债务人履行义务吗？

T公司与D公司存在多年业务往来，双方约定T公司为D公司供应钢材。2017年11月，T公司履行了2017年项下《销售合同》约定的全部供货义务。2018年1月7日，双方签订结算单，D公司表示将在5月之前完成付款。2018年3月1日，人民法院受理T公司的破产清算申请，并指定A公司（资产管理公司）为T公司的管理人。同月8日，该法院在中国法院网、全国企业破产重整案件信息网、《法制日报》等平台发布了通知公告，公布了受案信息并明确了债权申报和债务人的债务人及财产持有人向管理人履行义务的要求。2018年3月22日，T公司财务总监苟某找到D公司财务，说现在公司资金周转紧张，已经进入破产程序，希望D公司尽快支付货款。D公司通过官方渠道查证了苟某的说法，但同时也感到疑惑，到底应该联系A公司还是按惯例直接将货款转给T公司呢？如果转给T公司，会不会有什么问题？

  D公司应联系管理人A公司履行清偿义务。我国《企业破产法》第十七条明确规定："人民法院受理破产申请后，债务人的债务人或者财产持有人应当向管理人清偿债务或者交付财产。债务人的债务人或者财产持有人故意违反前款规定向债务人清偿债务或者交付财产，使债权人受到损失的，不免除其清偿债务或者交付财产的义务。"据此，如果次债务人明知债务人进入破产程序，便应依法向管理人履行清偿义务。因为债务人进入破产程序后，管理人就接管了债务人的财产。如果次债务人仍向债务人履行义务的，可能会面临二次给付（再次向管理人履行清偿义务）的法律风险，给自己带来极大损失。本案中，D公司通过官方渠道查证了T公司进入破产清算程序的事实，理应知道自己应当向管理人履行其之前对债务人负有的义务，其应当将货款支付给管理人。如果将货款转给T公司，由于不可规避的道德风险，T公司极有可能转移或隐匿该笔财产，给债权人造成损失，D公司支付货款的行为对管理人和债权人不发生法律效力，仍应承担清偿债务的义务。

相关法条

《中华人民共和国企业破产法》

第十七条 人民法院受理破产申请后,债务人的债务人或者财产持有人应当向管理人清偿债务或者交付财产。

债务人的债务人或者财产持有人故意违反前款规定向债务人清偿债务或者交付财产,使债权人受到损失的,不免除其清偿债务或者交付财产的义务。

六、对待履行合同的处理

根据破产法基本理论,待履行合同,是指成立于破产申请受理前,在破产程序开始后,债务人与交易相对方尚未履行完毕的双务合同。此表述源于美国破产法中 executory contract 一词,意为"未充分履行各自义务的合同",我国《企业破产法》称其为"未履行完毕的合同"。构成待履行合同须具备以下两个要件。其一,该合同成立于破产程序开始前。如果合同成立于破产程序开始时或开始后,则不适用待履行合同的处理规则。其二,该合同的当事人均未履行完毕合同义务,这包括三种情形:一是合同当事人均未开始履行合同;二是合同当事人均已开始履行但均未履行完毕合同义务;三是一方当事人未开始履行,但另一方当事人已经开始履行但未履行完毕合同义务。为平衡各方利益,如果合同主要义务或关键性义务已履行完毕,合同目的已经实现,即使存在附随义务尚未履行完毕的情形,该合同也不属于待履行合同。

对待履行合同的态度关系到债务人的业务经营和债务人财产的增减。实践中,有的待履行合同对债务人有利,有的对债务人不利。考虑到破产法"保护债权人和债务人的合法权益"这一立法目的，我国《企业破产法》赋予了管理人单方选择权，如果管理人选择继续履行待履行合同，交易双方就应当继续履行合同义务，即使交易相对方认为继续履行合同有风险也不能拒绝履行，只能要求管理人提供担保；如果管理人选择解除待履行合同，交易相对方可以主张损害违约赔偿并申报债权，赔偿范围以合同不履行产生的经济损失为限。值得注意的是，破产法突破了合同的一般规则，无论合同当事人是否违约，无论是否存在合同解除理由，只要管理人选择解除合同，待履行合同即应解除，交易相对方是否同意在所不问。

从前述内容可以看出，我国《企业破产法》关于待履行合同的处理规则以"债务人财产最大化"为目标。为了督促管理人及时行使权利，维护交易安全，平衡各方当事人的利益，《企业破产法》规定，如果管理人没有在破产程序开始之日起两个月内通知交易相对方待履行合同的处理结果，或在收到交易相对方的催告后，管理人未在法定期间内做出答复的，待履行合同即视为解除。此时，管理人不得要求交易相对方继续履行合同。

案例解析

所有权保留买卖合同履行过程中，一方当事人进入破产程序，管理人要求解除合同的，对方可否拒绝？

2019年3月1日，W公司与J公司签订《工业品买卖合同》，约定由W公司向J公司出售钢管杆等产品，结算方式为：货物经验收合格后，出卖人开具全额增值税发票，买受人于收到发票后的次月10日支付货款。该合同第十一条约定："标的物所有权自到货日时起转移，但买受人未履行支付价款义务的，标的物属于出卖人所有。"第十五条约定："合同履行过程中，无论出现何种原因，任何一方都不能解除合同。"合同生效后，W 公司依约备货，并于 2019 年 3 月 16 日、25 日、2019 年 4 月 2 日将货物运送至 J 公司指定仓库，当场验收合格后，J 公司签发了合同履约函，说明了货物名称、重量、单价等内容，并载明"该批货物经验收合格，已入驻我司仓库"。2019 年 4 月 9 日，W 公司将其开具的全额增值税发票送达 J 公司，要求其在 5 月 10 日支付货款，J 公司同意。2019 年 4 月 24 日，人民法院受理 W 公司的破产重整申请，并指定 N 律师事务所为管理人。管理人审查合同时发现，W 公司与 J 公司的《工业品买卖合同》价格畸低，继续履行对债务人不利，于 2019 年 4 月 30 日向 J 公司发出解除《工业品买卖合同》函告，并要求该公司退还合同所涉全部货物。J 公司认为管理人的行为违反了合同第十五条的约定和关于合同的法律规定，不同意解除合同，也拒绝退回货物。J 公司的做法和理由是否正确？

根据我国《企业破产法》第十八条的规定，对于待履行合同，管理人依法享有单方选择权。那么，案例中所涉的合同是否属于待履行合同呢？从《工业品买卖合同》第十一条"买受人未履行支付价款义务的，标的物属于出卖人所有"的约定可以看出，该合同乃所有权保留买卖合同，货物所有权发生转移的条件是 J 公司履行付款义务，但直至 W 公司进入破产程序，该公司都未支付货款，所以案涉合同为典型的待履行合同。同时，《最高人民法院关于适用〈中华人民共和国企业破产法〉若干问题的规定（二）》第三十四条也规定，所有权保留买卖合同中，在标的物所有权未依法转移给买受人前，一方当事人破产的，该买卖合同属于双方均未履行完毕的合同，管理人有权依据《企业破产法》第十八条的规定决定解除或者继续履行合同。第三十六条规定，如果出卖人破产，管理人决定解除所有权保留买卖合同并要求买受人交付标的物的，人民法院应予支持。根据前述法律规定可知，破产程序中，管理人对待履行合同的选择权是单方的、法定的，不得通过当事人事前约定排除，故《工业品买卖合同》第十五条的约定无效。因此，J公司的做法和理由错误，应当根据管理人的要求解除合同，交还货物。

相关法条

《中华人民共和国企业破产法》

第十八条　人民法院受理破产申请后，管理人对破产申请受理前成立而债务人和对方当事人均未履行完毕的合同有权决定解除或者继续履行，并通知对方当事人。管理人自破产申请受理之日起二个月内未通知对方当事人，或者自收到对方当事人催告之日起三十日内未答复的，视为解除合同。

管理人决定继续履行合同的，对方当事人应当履行；但是，对方当事人有权要求管理人提供担保。管理人不提供担保的，视为解除合同。

《最高人民法院关于适用〈中华人民共和国企业破产法〉若干问题的规定（二）》

第三十四条　买卖合同双方当事人在合同中约定标的物所有权保留，在标的物所有权未依法转移给买受人前，一方当事人破产的，该买卖合同属于双方均未履行完毕的合同，管理人有权依据企业破产法第十八条的规定决定解除或者继续履行合同。

第三十五条　出卖人破产，其管理人决定继续履行所有权保留买卖合同的，买受人应当按照原买卖合同的约定支付价款或者履行其他义务。

买受人未依约支付价款或者履行完毕其他义务，或者将标的物出卖、出质或者作出其他不当处分，给出卖人造成损害，出卖人管理人依法主张取回标的物的，人民法院应予支持。但是，买受人已经支付标的物总价款百分之七十五以上或者第三人善意取得标的物所有权或者其他物权的除外。

因本条第二款规定未能取回标的物，出卖人管理人依法主张买受人继续支付价款、履行完毕其他义务，以及承担相应赔偿责任的，人民法院应予支持。

第三十六条 出卖人破产，其管理人决定解除所有权保留买卖合同，并依据企业破产法第十七条的规定要求买受人向其交付买卖标的物的，人民法院应予支持。

买受人以其不存在未依约支付价款或者履行完毕其他义务，或者将标的物出卖、出质或者作出其他不当处分情形抗辩的，人民法院不予支持。

买受人依法履行合同义务并依据本条第一款将买卖标的物交付出卖人管理人后，买受人已支付价款损失形成的债权作为共益债务清偿。但是，买受人违反合同约定，出卖人管理人主张上述债权作为普通破产债权清偿的，人民法院应予支持。

第三十七条第一款 买受人破产，其管理人决定继续履行所有权保留买卖合同的，原买卖合同中约定的买受人支付价款或者履行其他义务的期限在破产申请受理时视为到期，买受人管理人应当及时向出卖人支付价款或者履行其他义务。

七、破产程序开始对其他法律程序的效力

作为对资不抵债的债务人进行破产处理的特殊司法程序，破产程序

开始将直接影响其他与债务人有关的法律程序。该影响主要体现在与债务人有关的民事诉讼案件管辖、保全与执行程序、正在进行中的诉讼和仲裁程序等方面。

民事诉讼案件的管辖，是指人民法院受理第一审民事案件的分工与权限，包括级别管辖、地域管辖，地域管辖又可分为一般地域管辖、特殊地域管辖、专属管辖、协议管辖等。人民法院受理破产申请后，债务人的债权债务关系集中交由管理人统一处理。为保障破产程序顺利进行，协调相关民事诉讼与破产案件的审理进度，提高审理效率，我国《企业破产法》突破民事诉讼案件管辖的一般规定，确立了破产程序有关债务人的民事诉讼案件"专属管辖"规则，即破产程序开始后，无论是否存在协议管辖等约定，有关债务人的民事诉讼，只能向受理破产申请的人民法院提起。考虑到如果高级人民法院受理破产申请并直接审理相关诉讼案件，可能导致最高人民法院面临较大的诉讼压力，浪费司法资源的问题，故根据《民事诉讼法》及相关司法解释的规定，经上级人民法院批准，受诉法院可将此类案件交由下级人民法院审理。

保全是人民法院依职权或依申请对涉诉标的物或当事人的财产或行为采取的强制措施，实践中较为常见的是财产保全，包括查封、扣押、冻结等。采取保全措施的目的是保证人民法院的生效判决能够有效执行，实现个别债权人的债权。鉴于破产程序中更注重的是债权人获得公平清偿，所以人民法院裁定受理破产申请后，为了保证全体债权人的利益，原来与债务人财产有关的保全措施将被解除，使被保全财产纳入债务人财产范围，以待统一分配。

执行程序，是指人民法院运用国家公权力使被执行人按生效法律文书确定的内容履行义务的司法活动。与保全措施相同，执行程序也是为了实现个别债权人的债权，有违于破产法之目的，所以人民法院受理破产申请后，有关债务人财产的执行程序也将依法中止，债权人仅得持生效法律文书向管理人申报债权。

诉讼和仲裁系当事人根据法定程序解决纠纷的方式之一，诉讼和仲裁均要求当事人依法享有参与诉讼、仲裁程序的能力。进入破产程序后，债务人管理和处分自己财产的权利已交由管理人行使，不能以自己的名义提起诉讼或申请仲裁，也无法再继续参与已经开始的诉讼或仲裁程序。因此，人民法院受理破产申请后，正在进行的有关债务人的诉讼和仲裁程序也将中止，待管理人接任后，才能继续进行。

案例解析

破产程序中，与债务人有关的涉港澳民商事诉讼由谁管辖？

2018年11月10日，住所地位于我国澳门特别行政区的S公司与住所地位于广东省的C公司签订电子元器件买卖合同，约定由C公司向S公司供应C9661电子元器件和A8667电子元器件。后C公司按照合同约定履行了供货义务。2019年1月4日，S公司根据C公司提供的账户信息付款，由于工作人员的疏忽，C公司误将合作伙伴G公司的账户信息寄送给了S公司。因此，最后货款被错误支付给与合同无关的G公司。不巧的是，G公司于2018年12月11日被江苏省甲县A法院裁定进入破产清算程序。S公司联系G公司管理人协商解决此事未果，遂想通过诉讼方式解决。但是该案争议的标的额非常大，依法应由中级人民法院审理，现S公司不知向谁起诉。该案应由哪个法院管辖？为什么？

S公司应向A法院提起诉讼。S公司住所地位于我国澳门特别行政区，根据《最高人民法院关于适用〈中华人民共和国民事诉讼法〉的解释》第五百五十一条规定的内容可知，涉及香港、澳门特别行政区和台湾地区的民事诉讼案件，可以参照适用涉外民事诉讼程序的特别规定审理。同时，我国《民事诉讼法》第十八条规定，重大涉外案件应由中级人民法院管辖。需要注意的是，此处的"重大"，是指争议标的额大、案情复杂或者一方当事人人数众多等具有重大影响的情形。由此可见，涉及香港、澳门特别行政区和台湾地区的重大民事诉讼案件，理应由中级人民法院管辖。上述案例中，S公司错误将货款支付给了G公司，双方属于不当得利纠纷，加之S公司系"港澳"公司，根据前述法律及司法解释的规定，如果涉案标的额达到中级人民法院受理标准，本应由G公司所在地的中级人民法院管辖。但是，破产程序不同于一般的民事诉讼程序，破产程序的开始将直接影响与债务人有关的大部分诉讼程序，根据《企业破产法》第二十一条、《最高人民法院关于适用〈中华人民共和国企业破产法〉若干问题的规定（二）》第四十七条、《全国法院涉港澳商事审判工作座谈会纪要》第五条规定的精神，由于G公司已经进入破产程序，受理破产申请的甲县A法院依法获得有关G公司的民事案件的管辖权，即使A法院作为基层法院没有重大涉外民商事案件的管辖权，该案也由A法院管辖。

相关法条

《中华人民共和国企业破产法》

第十九条　人民法院受理破产申请后，有关债务人财产的保全措施应当解除，执行程序应当中止。

第二十条　人民法院受理破产申请后，已经开始而尚未终结的有债务人的民事诉讼或者仲裁应当中止；在管理人接管债务人的财产后，该诉讼或者仲裁继续进行。

第二十一条　人民法院受理破产申请后，有关债务人的民事诉讼，只能向受理破产申请的人民法院提起。

《最高人民法院关于审理企业破产案件若干问题的规定》

第十九条　人民法院受理企业破产案件后，以债务人为原告的其他民事纠纷案件尚在一审程序的，受诉人民法院应当将案件移送受理破产案件的人民法院；案件已进行到二审程序的，受诉人民法院应当继续审理。

《最高人民法院关于适用〈中华人民共和国企业破产法〉若干问题的规定（二）》

第四十七条　人民法院受理破产申请后，当事人提起的有关债务人的民事诉讼案件，应当依据企业破产法第二十一条的规定，由受理破产申请的人民法院管辖。

受理破产申请的人民法院管辖的有关债务人的第一审民事案件，可以依据民事诉讼法第三十八条的规定，由上级人民法院提审，或者报请上级人民法院批准后交下级人民法院审理。

受理破产申请的人民法院，如对有关债务人的海事纠纷、专利纠纷、证券市场因虚假陈述引发的民事赔偿纠纷等案件不能行使管辖权的，可以依据民事诉讼法第三十七条的规定，由上级人民法院指定管辖。

《全国法院涉港澳商事审判工作座谈会纪要》

5.人民法院受理破产申请后，即使该人民法院不享有涉外民商事案件管辖权，但根据《中华人民共和国企业破产法》第二十一条的规定，有关债务人的涉港澳商事诉讼仍应由该人民法院管辖。

《中华人民共和国民事诉讼法》

第十八条　中级人民法院管辖下列第一审民事案件：

（一）重大涉外案件；

（二）在本辖区有重大影响的案件；

（三）最高人民法院确定由中级人民法院管辖的案件。

《最高人民法院关于适用〈中华人民共和国民事诉讼法〉的解释》

第四十二条　下列第一审民事案件，人民法院依照民事诉讼法第三十八条第一款规定，可以在开庭前交下级人民法院审理：

（一）破产程序中有关债务人的诉讼案件；

（二）当事人人数众多且不方便诉讼的案件；

（三）最高人民法院确定的其他类型案件。

人民法院交下级人民法院审理前，应当报请其上级人民法院批准。上级人民法院批准后，人民法院应当裁定将案件交下级人民法院审理。

第五百五十一条　人民法院审理涉及香港、澳门特别行政区和台湾地区的民事诉讼案件，可以参照适用涉外民事诉讼程序的特别规定。

第三章

管理人

第三章 管理人

一、管理人的任命、解任与任职条件

管理人的含义有广义和狭义之分。狭义的管理人仅负责破产案件中的清算工作，又被称为破产管理人。广义的管理人除参与破产清算外，还负责重整、调解中的管理、监督等工作。我国的《企业破产法》从广义上规定了管理人制度。管理人设立的目的在于彻底清理、公平分配破产企业的财产，从而最大限度保护债权人的利益。

为了确保管理人的中立性，管理人的任命和解任由人民法院决定。人民法院应当在裁定受理企业破产清算的同时从管理人名册中指定管理人，由管理人接手管理破产企业的日常事务，包括财产清理、经营管理、财产处分、权力行使等。管理人名册的编制由高级人民法院根据本辖区律师事务所、会计师事务所、破产清算事务所等社会中介机构及专职从业人员数量和企业破产案件数量确定。《最高人民法院关于审理企业破产案件指定管理人的规定》第二十条至第二十二条规定了法院指定管理人的三种方式。人民法院一般应当按照管理人名册所列名单采取轮候、抽签、摇号等随机方式公开指定管理人，这种方式可以很大限度地保证选取管理人的公平性。第二种管理人指定方式是竞争方式，即对于商业银行、证券公司、保险公司等金融机构或者在全国范围有重大影响、法律关系复杂、债务人财产分散的企业破产案件，人民法院可以采取公告的方式，邀请编入各地人民法院管理人名册中的社会中介机构参与竞争，从参与竞争的社会中介机构中指定管理人。参与竞争的社会中介机构不得少于三家。采取这种方式指定的管理人一般具有较高的专业水准，但是这种方式需要更多的时间和成本来确定管理人。第三种管理人指定方式是接受推荐的方式，对于经过行政清理、清算的商业银行、证券公司、保险公司等金融机构的破产案件，人民法院可以在金融监督管理机构推荐的已编入管理人名册的社会中介机构中指定管理人。

管理人的解任同样也由法院决定，我国《企业破产法》第二十二条第二款规定："债权人会议认为管理人不能依法、公正执行职务或者有其他不能胜任职务情形的，可以申请人民法院予以更换。"《最高人民法院关于审理企业破产案件指定管理人的规定》第三十三条和第三十四条规定了更换管理人的情形。管理人的解任需要依法定程序进行，由债权人会议向法院提出申请或者由法院依职权更换管理人。债权人会议提出申请的，人民法院认为理由成立的应当更换管理人，理由不成立的应当驳回申请。

管理人由谁来担任？我国《企业破产法》第二十四条第一款、第二款规定："管理人可以由有关部门、机构的人员组成的清算组或者依法设立的律师事务所、会计师事务所、破产清算事务所等社会中介机构担任。人民法院根据债务人的实际情况，可以在征询有关社会中介机构的意见后，指定该机构具备相关专业知识并取得执业资格的人员担任管理人。"一般而言，管理人由清算组或律师事务所、会计师事务所、破产清算事务所等社会中介机构担任。根据该条第三款的规定，有下列情形之一的，不得担任管理人：（1）因故意犯罪受过刑事处罚；（2）曾被吊销相关专业执业证书；（3）与本案有利害关系；（4）人民法院认为不宜担任管理人的其他情形。

> 案例解析

债权人会议能否解任管理人？

某旅游公司于2015年成立，公司性质为有限责任公司，注册资本为500万元。由于竞争激烈，该公司一直处于亏损状态。2018年4月

第三章 管理人

1日，该公司因长期资不抵债，经全体股东一致同意向法院提出破产申请。法院受理本案后，指定某会计师事务所担任破产管理人。管理人全面接手了该旅游公司的事务，拟转让经营业务。但是，债权人会议讨论认为，管理人应该立即清资核产，尽快偿还债务。因此，债权人认为管理人不能胜任职务，召开会议决定将管理人罢免，要求管理人即日起退出该破产案件。债权人会议罢免管理人的做法是否具有法律效力？

在破产程序中，中立的管理人应尽职勤勉，向债权人会议作出工作报告，债权人会议有权对管理人进行监督。如果债权人会议认为管理人不能依法、公正执行职务或者有其他不能胜任职务情形的，可以申请人民法院予以更换，但无权自行罢免管理人。

相关法条

《中华人民共和国企业破产法》

第二十二条 管理人由人民法院指定。

债权人会议认为管理人不能依法、公正执行职务或者有其他不能胜任职务情形的，可以申请人民法院予以更换。

指定管理人和确定管理人报酬的办法，由最高人民法院规定。

第二十四条 管理人可以由有关部门、机构的人员组成的清算组或者依法设立的律师事务所、会计师事务所、破产清算事务所等社会中介机构担任。

人民法院根据债务人的实际情况，可以在征询有关社会中介机构的意见后，指定该机构具备相关专业知识并取得执业资格的人员担任管理人。

有下列情形之一的，不得担任管理人：

（一）因故意犯罪受过刑事处罚；

（二）曾被吊销相关专业执业证书；

（三）与本案有利害关系；

（四）人民法院认为不宜担任管理人的其他情形。

个人担任管理人的，应当参加执业责任保险。

《最高人民法院关于审理企业破产案件指定管理人的规定》

第二十条　人民法院一般应当按照管理人名册所列名单采取轮候、抽签、摇号等随机方式公开指定管理人。

第二十一条　对于商业银行、证券公司、保险公司等金融机构或者在全国范围有重大影响、法律关系复杂、债务人财产分散的企业破产案件，人民法院可以采取公告的方式，邀请编入各地人民法院管理人名册中的社会中介机构参与竞争，从参与竞争的社会中介机构中指定管理人。参与竞争的社会中介机构不得少于三家。

采取竞争方式指定管理人的，人民法院应当组成专门的评审委员会。

评审委员会应当结合案件的特点，综合考量社会中介机构的专业水准、经验、机构规模、初步报价等因素，从参与竞争的社会中介机构中择优指定管理人。被指定为管理人的社会中介机构应经评审委员会成员二分之一以上通过。

采取竞争方式指定管理人的，人民法院应当确定一至两名备选社会中介机构，作为需要更换管理人时的接替人选。

第二十二条　对于经过行政清理、清算的商业银行、证券公司、保险公司等金融机构的破产案件，人民法院除可以按照本规定第十八条第一项的规定指定管理人外，也可以在金融监督管理机构推荐的已编入管理人名册的社会中介机构中指定管理人。

第二十三条　社会中介机构、清算组成员有下列情形之一，可能影响其忠实履行管理人职责的，人民法院可以认定为企业破产法第二十四条第三款第三项规定的利害关系：

（一）与债务人、债权人有未了结的债权债务关系；

（二）在人民法院受理破产申请前三年内，曾为债务人提供相对固定的中介服务；

（三）现在是或者在人民法院受理破产申请前三年内曾经是债务人、债权人的控股股东或者实际控制人；

（四）现在担任或者在人民法院受理破产申请前三年内曾经担任债务人、债权人的财务顾问、法律顾问；

（五）人民法院认为可能影响其忠实履行管理人职责的其他情形。

第二十四条 清算组成员的派出人员、社会中介机构的派出人员、个人管理人有下列情形之一，可能影响其忠实履行管理人职责的，可以认定为企业破产法第二十四条第三款第三项规定的利害关系：

（一）具有本规定第二十三条规定情形；

（二）现在担任或者在人民法院受理破产申请前三年内曾经担任债务人、债权人的董事、监事、高级管理人员；

（三）与债权人或者债务人的控股股东、董事、监事、高级管理人员存在夫妻、直系血亲、三代以内旁系血亲或者近姻亲关系；

（四）人民法院认为可能影响其公正履行管理人职责的其他情形。

第二十六条 社会中介机构或者个人有重大债务纠纷或者因涉嫌违法行为正被相关部门调查的，人民法院不应指定该社会中介机构或者个人为本案管理人。

第三十一条 债权人会议根据企业破产法第二十二条第二款的规定申请更换管理人的，应由债权人会议作出决议并向人民法院提出书面申请。

人民法院在收到债权人会议的申请后，应当通知管理人在两日内作出书面说明。

第三十二条 人民法院认为申请理由不成立的，应当自收到管理人书面说明之日起十日内作出驳回申请的决定。

人民法院认为申请更换管理人的理由成立的，应当自收到管理人书面说明之日起十日内作出更换管理人的决定。

第三十三条 社会中介机构管理人有下列情形之一的，人民法院可以根据债权人会议的申请或者依职权迳行决定更换管理人：

（一）执业许可证或者营业执照被吊销或者注销；

（二）出现解散、破产事由或者丧失承担执业责任风险的能力；

（三）与本案有利害关系；

（四）履行职务时，因故意或者重大过失导致债权人利益受到损害；

（五）有本规定第二十六条规定的情形。

清算组成员参照适用前款规定。

第三十四条 个人管理人有下列情形之一的，人民法院可以根据债权人会议的申请或者依职权迳行决定更换管理人：

（一）执业资格被取消、吊销；

（二）与本案有利害关系；

（三）履行职务时，因故意或者重大过失导致债权人利益受到损害；

（四）失踪、死亡或者丧失民事行为能力；

（五）因健康原因无法履行职务；

（六）执业责任保险失效；

（七）有本规定第二十六条规定的情形。

清算组成员的派出人员、社会中介机构的派出人员参照适用前款规定。

二、管理人的法定职责

我国《企业破产法》第二十五条列举了九项管理人的职责：

（1）接管债务人的财产、印章和账簿、文书等资料。这是管理人的首要职责，管理人要第一时间固定债务人的财产，避免一切任意处分债务人财产的情形发生，保证债务人财产不缩水。管理人对各种资料的接管，以实际占有或控制为标准。

（2）调查债务人财产状况，制作财产状况报告。无论是破产清算、重整还是和解都涉及对债务人财产的分配，调查债务人的财产状况是先决条件，即明确债务人财产的归属。

（3）决定债务人的内部管理事务。这里的内部事务包括财务税收、社会保险、经营许可、车辆年检、安全保卫工作等内部管理事务。

（4）决定债务人的日常开支和其他必要开支。在此，管理人应本着严谨、必要的原则来衡量和花费日常开支，不可给债务人带来不必要的资产浪费。

（5）在第一次债权人会议召开之前，决定继续或者停止债务人的营业。例如，债务人存在继续营业的能力，且继续营业有利于提高其清偿债务的能力的，应当继续营业。债务人继续营业后，管理人发现其不适合继续营业的，应该及时决定停止营业。管理人在接管企业后应尽快对债务人停止或继续营业作出决定，并报人民法院许可。在申请重整及和解的案件中，除非债务人实在无法经营的，应当继续营业。

（6）管理和处分债务人的财产。管理人接管债务人的财产之后，要采取合理措施保护这些财产，避免因不当管理导致财产缩水。对债务人财产的处分主要包括：决定合同是否继续履行；行使撤销权、取回权等；非货币财产的变现等。

（7）代表债务人参加诉讼、仲裁或者其他法律程序。在这些程序的进行过程中，管理人应该做到尽善尽责，维护好、协调好各方的权益。

（8）提议召开债权人会议。管理人有权提议召开债权人会议并负通知义务。

（9）人民法院认为管理人应当履行的其他职责。该条第九项为兜底性条款，以便应对现实中出现的各种新的复杂问题。现实中，很多破产企业的事务非常复杂，涉及众多专业性强的问题，繁杂的法律事务与大量的非法律事务融合在一起，使管理人履行职责的难度不断加大，工作内容也更加复杂。

案例解析

管理人是否有权撤销债务人破产之前的赠与行为？

因某合金贸易公司不能清偿到期债务，并且明显缺乏清偿能力，某法院于2016年7月26日裁定受理该公司破产清算一案。同年8月6日，法院指定某会计师事务所担任该贸易公司的破产管理人。2017年7月1日，该管理人向法院提起诉讼，称2015年9月25日该合金贸易公司曾将20吨合金材料赠送给某轮毂生产企业，请求法院撤销该赠与行为，判令轮毂生产企业返还该批合金材料或者支付相应对价。该轮毂生产企业辩称，管理人无权干涉企业破产之前的行为，自己已经支付对价。但是在一审辩论结束时，该轮毂生产企业并未提供证据证明已支付对价。那么，管理人是否有权请求法院撤销该合金公司的赠与行为？

管理人具有管理和处分债务人财产的职责。在本案中，该合金贸易公司破产前一年内无偿赠与轮毂生产企业合金材料的行为符合我国《企业破产法》第三十一条规定的情形，管理人可以行使撤销权。行使撤销权是管理人的法定职责，是其管理债务人财产的表现，属于"管理和处分债务人的财产"的行为。该案中的管理人主张撤销对轮毂生产企业的赠与行为，目的在于防止债务人不当处分自己的财产，损害全体债权人公平受偿的权益，证据确实充分的情况下，应该得到法院的支持。

相关法条

《中华人民共和国企业破产法》

第二十五条 管理人履行下列职责：

（一）接管债务人的财产、印章和账簿、文书等资料；

（二）调查债务人财产状况，制作财产状况报告；

（三）决定债务人的内部管理事务；

（四）决定债务人的日常开支和其他必要开支；

（五）在第一次债权人会议召开之前，决定继续或者停止债务人的营业；

（六）管理和处分债务人的财产；

（七）代表债务人参加诉讼、仲裁或者其他法律程序；

（八）提议召开债权人会议；

（九）人民法院认为管理人应当履行的其他职责。

本法对管理人的职责另有规定的，适用其规定。

第三十一条 人民法院受理破产申请前一年内，涉及债务人财产的下列行为，管理人有权请求人民法院予以撤销：

（一）无偿转让财产的；

（二）以明显不合理的价格进行交易的；

（三）对没有财产担保的债务提供财产担保的；

（四）对未到期的债务提前清偿的；

（五）放弃债权的。

三、管理人的勤勉义务与更换管理人的规定

管理人在上任之后几乎接手债务人的全部事务，承继债务人的所有权利，因此理应承担相应的义务，勤勉尽责，忠实执行职务。对债务人事务，管理人必须尽职尽责，不可借机为自己牟取不正当利益，损害其他债权人的利益。管理人应当恪守勤勉义务，及时追回债务人流失的财产，把握债权人财产增值的机会，使债务人的财产独立出来，不能因判断失误给债务人财产造成损失。同时，破产费用需要从债务人财产中支出，管理人在支配破产费用时应当"勤俭"，减少不必要的支出，将破产费用控制在合理的范围内。如果管理人不能尽到勤勉义务，不能忠实执行职务，因此给债权人、债务人造成损失的，应当依法承担赔偿责任。

更换管理人必然会造成破产程序的中止，使债权人迟延实现债权，增加债务人的破产费用。为了保障破产程序不被随意打断，保障管理人对事务处理的统一性，法律规定管理人没有正当理由不得辞职，辞职要经过法院的许可。另外，根据《最高人民法院关于审理企业破产案件指定管理人的规定》第三十三条和第三十四条的规定，社会中介机构管理人有下列情形之一的，人民法院可以根据债权人会议的申请或者依职权迳行决定更换管理人：（1）执业许可证或者营业执照被吊销或者注销；（2）出现解散、破产事由或者丧失承担执业责任风险的能力；（3）与本案有利害关系；（4）履行职务时，因故意或者重大过失导致债权人利益受到损害；（5）有本规定第二十六条规定的情形。清算组

成员参照适用上述规定。个人管理人有下列情形之一的,人民法院可以根据债权人会议的申请或者依职权迳行决定更换管理人:(1)执业资格被取消、吊销;(2)与本案有利害关系;(3)履行职务时,因故意或者重大过失导致债权人利益受到损害;(4)失踪、死亡或者丧失民事行为能力;(5)因健康原因无法履行职务;(6)执业责任保险失效;(7)有本规定第二十六条规定的情形。清算组成员的派出人员、社会中介机构的派出人员参照适用上述规定。

案例解析

管理人侵权怎么办?

2015年3月2日,河南某法院正式受理某食品有限责任公司的破产申请,并指定了破产管理人。2015年6月5日,受案法院宣告该食品有限责任公司破产。2015年9月16日,管理人对该公司的300万元破产财产进行了分配,优先清偿破产费用130万元,经济补偿金、养老金、失业保险费96万元,缴纳税款2万元。一般债权人陈某生对该食品公司享有55万元的债权,由于破产财产已经不足以清偿所有申报债权,所以陈某生的债权仅得到一小部分的清偿。一次偶然的机会陈某生在与该公司的老员工攀谈中获知,破产管理人清算时依据的员工工资标准都高于实际,并且养老金在破产清偿中出现了重复计算的情况。陈某生认为自己的债权未能得到充分清偿与管理人处分破产财产不当有重大关系,遂向法院提起诉讼,主张该食品公司的破产管理人未忠实履行责任,给自己造成了损失,要求破产管理人支付赔偿金,他的请求能得到法院的支持吗?

管理人上任之后要依法查明涉案企业的实际情况，确保破产清算依据的真实性，对破产财产的分配要专业、合法，如果因为前期工作准备不足，分配方案不合理给债权人造成损失的，属于未尽到善良管理人的注意义务。具体到本案中，如果陈某生能够提供有力的证据证明破产管理人确实存在上述案例中提到的问题，法院应当认定管理人违反了《企业破产法》规定的勤勉尽责、忠实执行职务的义务，并要求管理人依法承担法律责任。人民法院可以依法判决该管理人赔偿对陈某生造成的损失。

相关法条

《中华人民共和国企业破产法》

第二十七条　管理人应当勤勉尽责，忠实执行职务。

第二十九条　管理人没有正当理由不得辞去职务。管理人辞去职务应当经人民法院许可。

第一百三十条　管理人未依照本法规定勤勉尽责，忠实执行职务的，人民法院可以依法处以罚款；给债权人、债务人或者第三人造成损失的，依法承担赔偿责任。

《最高人民法院关于审理企业破产案件指定管理人的规定》

第三十五条　管理人无正当理由申请辞去职务的，人民法院不予许可。正当理由的认定，可参照适用本规定第三十三条、第三十四条规定的情形。

第三十六条　人民法院对管理人申请辞去职务未予许可，管理人仍坚持辞去职务并不再履行管理人职责的，人民法院应当决定更换管理人。

四、管理人聘用工作人员的规定

破产程序涉及方方面面的问题,单独依靠管理人的力量是不够的,因此法律赋予管理人聘用工作人员的权利,从而高效、快捷地解决管理事务,并保障各项工作的专业性。可聘用的工作人员包括维持企业经营的管理人员和完成破产事务管理的人员。由于管理人聘用工作人员的费用作为破产费用优先从债务人财产中随时支付,牵涉债权人的利益,所以管理人聘用工作人员需要经过法院的许可,从而防止破产费用的不当增加。

管理人与所聘用的人员成立的是劳务关系,而不是劳动关系。因此,管理人只需按时向聘用的工作人员支付报酬即可。聘用的工作人员的所需费用支付有两种方式:如果管理人聘用的是本专业以外的工作人员,如律师事务所担任管理人时聘用审计、鉴定、拍卖等人员,那么聘用工作人员的费用作为破产费用从债务人财产中支出;如果管理人聘用本专业的其他人员协助处理事务,聘用人员的费用从管理人的报酬中支出。破产清算事务所专营破产事务,所以相关的事务均属于其专业范围内,因此其聘用工作人员协助自己管理破产事务的,应从管理人报酬中支付聘用人员的所需费用。之所以如此规定,主要是为了避免管理人不当增加破产费用。

案例解析

律师事务所作为管理人员能否聘用其他所律师协助?

广东某实业公司依法进入破产程序,法院指定某唐律师事务所为管理人。某信律师事务所接受管理人的委托,指定经办律师,为破产管理人提供下列法律服务：（1）担任破产公司与某国际公司的用益物权确认纠纷一案的代理人，代为一审应诉，依据《广东省律师服务收费管理办法》，律师费按16万元收取；（2）破产公司与5名劳动者追索劳动报酬纠纷一案，办案费按每单5000元计算。管理人在某信律师事务所完成上述业务后，从债务人财产中支付其报酬18.5万元。在清算程序即将完结时，该破产的实业公司就该笔费用提出异议，认为这不应该从自己的财产中支付。那么，管理人某唐律师事务所聘请某信律师事务所律师产生的该笔律师费用究竟应由谁支付？

根据我国《企业破产法》第二十五条第一款第七项的规定可知，代表债务人参加诉讼、仲裁或者其他法律程序是管理人的职责，管理人应当勤勉执行。在管理人不能自己执行时，依据我国《企业破产法》第二十八条的规定，可以聘用必要的工作人员予以协助。聘用人员的报酬应当如何支付？按照《最高人民法院关于审理企业破产案件确定管理人报酬的规定》第十四条第一款的规定，律师事务所、会计师事务所通过聘请本专业的其他社会中介机构或者人员协助履行管理人职责的，所需费用从其报酬中支付。本案中，作为破产管理人的某唐律师事务所应当代表破产企业参加诉讼，参加诉讼的报酬涵盖在管理人的报酬中，但其聘用某信律师事务所的律师为破产企业参加诉讼，如果再从债务人财产中支付这笔律师费，债务人就为同一事务重复付费两次，是不合理的。所以，某唐律师事务所将自身的职责转委托于他人时，相应的报酬也该同时转与他人，某唐律师事务所应当从其管理人报酬中支付某信律师事务所律师费。

> 相关法条

《中华人民共和国企业破产法》

第二十八条　管理人经人民法院许可，可以聘用必要的工作人员。

管理人的报酬由人民法院确定。债权人会议对管理人的报酬有异议的，有权向人民法院提出。

《最高人民法院关于审理企业破产案件确定管理人报酬的规定》

第十四条　律师事务所、会计师事务所通过聘请本专业的其他社会中介机构或者人员协助履行管理人职责的，所需费用从其报酬中支付。

破产清算事务所通过聘请其他社会中介机构或者人员协助履行管理人职责的，所需费用从其报酬中支付。

五、刻制管理人印章与开立管理人账户

印章是印章主体印在文件上、同意签署文件意思的标记，是体现公司意志的法定形式工具。为了防止出现人事关系、财产等的混淆情况，使相对人明确行为的主体及其性质，保障破产程序中各利害关系人的合法权益，最高人民法院特别对管理人印章和管理人账户作出了规定。

根据现行规定，管理人应当持人民法院的受理破产申请的裁定书、指定管理人决定书和人民法院致公安机关刻制管理人印章的函件、管理人的机构或人员的有关证件（含执业许可证、营业执照、身份证等）、债务人的营业执照等材料，向公安机关申请刻制管理人印章。经过审批并刻制完毕后，管理人将印章交人民法院封样备案后方能启用。破产程序中，管理人印章和企业印章的使用因破产程序的不同而有所差异。破产清算程序中，如无司法、行政机关要求或其他必须在文件上加盖企业

印章的情形外，一般只能使用管理人印章。该印章一般用于管理人依法发出的通知书、告知函、工作报告、公告、财产管理变价分配方案等文件，管理人向人民法院请示、汇报工作的相关文件，管理人编制的债权申报材料以及为开展工作而拟定的其他文件。破产重整程序中，债务人印章一般可以正常使用，例如将其用于合同签订、票据等。但对于债务人在重整过程中与投资人签订的重组协议等重要文件，一般需要同时加盖债务人印章和管理人印章。

值得注意的是，尽管破产程序开始后，债务人的法人资格受到一定程度的限制，债务人应依法将印章移交管理人保管，但这并不意味着债务人的印章便全然失去法律效力。无论在破产清算还是破产重整程序，在债务人的法人资格依法注销前，债务人的印章都是合法有效的，只是债务人不能如企业良好运行时那样自由地使用印章。另外，因管理人印章基于破产程序产生，故其仅能用于管理破产事务。管理人根据我国《企业破产法》第一百二十二条的规定终止执行职务后，应当将管理人印章交公安机关销毁，并将销毁的证明送交人民法院。

管理人账户是为提高破产案件的审理效率而开具的银行账户。实践中，管理人依法刻制管理人印章后，可持破产申请受理裁定书、指定管理人决定书和管理人的执业许可等证照及开户所需资料到银行申请开立管理人账户。开户后，管理人应当向人民法院报告账户信息。当前，经济下行压力大，企业破产案件增加，为了提高债务人财产清算、处置的效率，越来越多的法官采取措施来推进开立管理人账户的工作，以明确统一的资产处置账户对接银行，使银行能够参与债务人账户的清算管理，降低不良资产的处理难度，提高处理效率，更好地维护债权人利益。管理人账户开立之目的在于提高清算、结算的效率，管理人账户开立之后，管理人履行管理职责产生的所有收支均应通过该账户进行，管理人也可以将债务人的银行存款划入该账户。为实现账户的正确使用，管理人应当制定专门的账户管理规定，并按规定使用账户，管理人不得滥用权力给债务人及债权人、出资人等造成损失。

相关法条

《中华人民共和国企业破产法》

第二十五条　管理人履行下列职责：

（一）接管债务人的财产、印章和账簿、文书等资料；

……

《最高人民法院关于审理企业破产案件指定管理人的规定》

第二十九条　管理人凭指定管理人决定书按照国家有关规定刻制管理人印章，并交人民法院封样备案后启用。

管理人印章只能用于所涉破产事务。管理人根据企业破产法第一百二十二条规定终止执行职务后，应当将管理人印章交公安机关销毁，并将销毁的证明送交人民法院。

第三十七条　人民法院决定更换管理人的，原管理人应当自收到决定书之次日起，在人民法院监督下向新任管理人移交全部资料、财产、营业事务及管理人印章，并及时向新任管理人书面说明工作进展情况。原管理人不能履行上述职责的，新任管理人可以直接接管相关事务。

在破产程序终结前，原管理人应当随时接受新任管理人、债权人会议、人民法院关于其履行管理人职责情况的询问。

《中华全国律师协会律师担任破产管理人业务操作指引》

第9条　印章刻制和使用

9.1 管理人接受人民法院指定后，应当凭人民法院受理破产申请的裁定书、人民法院指定管理人的决定书和人民法院致公安机关刻制管理人印章的函件等材料，按照国家有关规定向公安机关申请刻制管理人印章。

9.2 管理人印章刻制后，管理人应当向公安机关和人民法院封样备案，并在封样备案后开始使用。

9.3 管理人印章只能限于管理人履行职责时使用。管理人应当制订管理人印章管理规定，并按规定使用印章。

第 10 条 开立管理人账户

10.1 管理人印章刻制后，管理人应当持人民法院受理破产申请的裁定书、人民法院指定管理人的决定书和管理人的决定及身份证明等文件材料，到银行申请开立管理人账户。

10.2 管理人账户开立后，管理人可以将债务人的银行存款划入管理人账户。

10.3 管理人依法履行职责时发生的所有资金收支，均应当通过管理人账户进行。

10.4 管理人应当制订管理人账户管理规定，并按规定使用账户。

第四章

债务人财产

第四章 债务人财产

一、债务人的财产范围

债务人的财产，是指破产申请受理时属于债务人的全部财产，以及破产申请受理后至破产程序终结前债务人所取得的财产。债务人的财产范围包括：

（1）破产申请被受理时属于债务人所有的财产。其中，既包括债务人在破产申请受理时的有形财产，如货币、土地、厂房、机器、设备等，也包括债务人的无形财产，如知识产权、股权、债权等。此外，对于债务人已依法设定担保物权的特定财产、债务人对按份享有所有权的共有财产的相关份额，或者共同享有所有权的共有财产的相应财产权利，以及依法分割共有财产所得部分，也应认定为属于债务人的财产。同时需要注意的是，债务人的下列财产不能认定为债务人财产：①债务人基于仓储、保管、承揽、代销、借用、寄存、租赁等合同或者其他法律关系占有、使用的他人财产；②债务人在所有权保留买卖中尚未取得所有权的财产；③所有权专属于国家且不得转让的财产；④其他依照法律、行政法规不属于债务人的财产。

（2）破产申请受理后至破产程序终结前债务人取得的财产。关于此阶段债务人财产范围的界定，我国《企业破产法》将在此阶段的所有债务人的财产都归入债务人的财产范围，这最大限度地增加了债务人的财产，提高了债务人的清偿能力，增加了债权人的受偿数额，使债权人的利益得到保障。

案例解析

公司与他人共同所有的财产是否属于债务人的财产范围？

某房地产公司因经营理念出现问题，导致公司运营困难，资金周转出现问题。后来，由于一直处于亏损状态，且资不抵债，该企业不得不向法院申请破产。2018年5月，法院受理了该公司的破产申请。在破产申请被受理后，该房地产公司的债权人向法院提起诉讼，请求将某房地产公司与某建筑公司共同所有的位于某处的厂房认定为债务人的财产。但是，该房地产公司认为，其对该厂房并没有完全所有权，故不应属于债务人的财产范围。那么这个厂房是否应该属于债务人的财产范围？

债务人的财产范围对于破产企业的债权人而言至关重要，其财产范围的大小直接关系到债权人的债权是否可以获得清偿。对于债务人的财产范围，我国《企业破产法》及其司法解释等从正面与反面进行了规定。我国《企业破产法》第三十条规定，破产申请受理时属于债务人的全部财产为债务人财产。《最高人民法院关于适用〈中华人民共和国企业破产法〉若干问题的规定（二）》第四条更进一步明确规定，债务人对按份享有所有权的共有财产的相关份额，或者共同享有所有权的共有财产的相应财产权利，以及依法分割共有财产所得部分，人民法院均应认定为债务人财产。因此，在本案中，某房地产公司虽然对厂房没有完全所有权，但是共有财产中属于其所有的份额应认定为债务人的财产。故法院应依法判决认定某房地产公司与某建筑公司共同所有的厂房中属于某房地产公司的份额为债务人的财产范围。

第四章 债务人财产

相关法条

《中华人民共和国企业破产法》

第三十条 破产申请受理时属于债务人的全部财产,以及破产申请受理后至破产程序终结前债务人取得的财产,为债务人财产。

《最高人民法院关于适用〈中华人民共和国企业破产法〉若干问题的规定(二)》

第一条 除债务人所有的货币、实物外,债务人依法享有的可以用货币估价并可以依法转让的债权、股权、知识产权、用益物权等财产和财产权益,人民法院均应认定为债务人财产。

第二条 下列财产不应认定为债务人财产:

(一)债务人基于仓储、保管、承揽、代销、借用、寄存、租赁等合同或者其他法律关系占有、使用的他人财产;

(二)债务人在所有权保留买卖中尚未取得所有权的财产;

(三)所有权专属于国家且不得转让的财产;

(四)其他依照法律、行政法规不属于债务人的财产。

第三条 债务人已依法设定担保物权的特定财产,人民法院应当认定为债务人财产。

对债务人的特定财产在担保物权消灭或者实现担保物权后的剩余部分,在破产程序中可用以清偿破产费用、共益债务和其他破产债权。

第四条第一款、第二款 债务人对按份享有所有权的共有财产的相关份额,或者共同享有所有权的共有财产的相应财产权利,以及依法分割共有财产所得部分,人民法院均应认定为债务人财产。

人民法院宣告债务人破产清算,属于共有财产分割的法定事由。人民法院裁定债务人重整或者和解的,共有财产的分割应当依据物权法第九十九条的规定进行；基于重整或者和解的需要必须分割共有财产，管理人请求分割的，人民法院应予准许。

二、涉及债务人财产的可撤销的行为与无效行为

（一）涉及债务人财产的可撤销的行为

1. 涉及债务人财产的可撤销的行为的条件

涉及债务人财产的可撤销的行为，是指在破产申请受理前的一定期限内，对于债务人所为的损害破产债权人整体利益的行为予以撤销，使其丧失法律效力的行为。

根据法律规定，债权人的可撤销的行为必须由下列要件构成：（1）期限的要求，即必须是在人民法院受理破产申请前一定期限内债务人所实施的行为。（2）该行为对破产债权人的整体利益造成了损害。而如果债务人的行为是企业正常生产经营所必需的，也未损害债权人的利益，则不能被撤销。

2. 涉及债务人财产的可撤销的行为的情形

根据我国《企业破产法》的规定，涉及债务人财产的可撤销的行为包括：

（1）人民法院受理破产申请前一年内，涉及债务人财产的下列行为，管理人有权请求人民法院予以撤销：

①无偿转让财产。如债务人将企业所有的部分财产赠与他人。

②以明显不合理的价格进行交易。"不合理的价格"，是指严重偏离市场的正常价格。如债务人以低于市场的价格出售其产品或者服务，或者以高于市场的价格购买他人的商品或服务。

③对没有财产担保的债务提供财产担保。

④对未到期的债务提前清偿。一般情况下，债务人提前清偿债务是法律所允许的，但是，在企业申请破产的情况下，其已经属于资不抵债的状况。此时，如果企业提前清偿部分一般债权人的债权，则将会对其他债权人的合法权益产生影响，也违背法律的公平原则。所以，在法院受理破产申请之前，不允许债务人提前清偿没有到期的债权。

⑤放弃债权。企业在破产的情况下放弃对债权人的债权，则损害其债权人的利益。

（2）人民法院受理破产申请前六个月内，债务人不能清偿到期债务，并且资产不足以清偿全部债务或者明显缺乏清偿能力，其仍对个别债权人进行清偿的，管理人有权请求人民法院予以撤销。但是，个别清偿使债务人财产受益的除外。

关于债务人对债权人的个别清偿，根据《最高人民法院关于适用〈中华人民共和国企业破产法〉若干问题的规定（二）》第十四条至第十六条的规定，在下列情形下，管理人请求人民法院对个别清偿的行为予以撤销的，人民法院不予支持：

第一，债务人对以自有财产设定担保物权的债权进行的个别清偿，管理人请求撤销的，人民法院不予支持。但是，债务清偿时担保财产的价值低于债权额的除外。

第二，债务人经诉讼、仲裁、执行程序对债权人进行的个别清偿，管理人请求撤销的，人民法院不予支持。但是，债务人与债权人恶意串通损害其他债权人利益的除外。

第三，债务人对债权人进行的以下个别清偿，管理人请求撤销的，人民法院不予支持：

①债务人为维系基本生产需要而支付水费、电费等的；

②债务人支付劳动报酬、人身损害赔偿金的；

③使债务人财产受益的其他个别清偿。

3. 可撤销的行为的起算点

债务人经过行政清理程序转入破产程序的,可撤销的行为的起算点,为行政监管机构作出撤销决定之日。债务人经过强制清算程序转入破产程序的,可撤销行为的起算点,为人民法院裁定受理强制清算申请之日。

(二)涉及债务人财产的无效行为

涉及债务人财产的无效行为,是指债务人实施的行为有害于债权人的整体利益,导致该行为不能发生法律效力。根据我国《企业破产法》第三十三条的规定,涉及债务人财产的下列行为无效:(1)为逃避债务而隐匿、转移财产的;(2)虚构债务或者承认不真实的债务的。

涉及债务人财产的无效行为与可撤销行为有四个不同之处。(1)对债权人造成损害的程度不同:无效行为是严重损害了债权人的整体利益,可撤销的行为是对债权人造成损害。(2)发生的时间限制不同:无效行为没有时间的限制,它可能发生在人民法院受理破产申请前一年或六个月内,也可能发生在破产程序中;可撤销的行为则是人民法院受理破产申请前一年内或六个月内。(3)无效行为是自始无效、确定无效的,而可撤销的行为则是自该行为被撤销之日起是无效的。(4)无效行为的发生与债务人是否出现破产原因没有必然的联系,不管债务人是经营状况良好,还是出现破产,只要债务人恶意损害债权人的利益,其行为就可能是无效的;可撤销的行为则必须发生在破产程序中。

(三)涉及债务人财产的可撤销的行为与无效行为的行使方式

管理人向人民法院请求撤销涉及债务人财产的相关行为并由相对人返还债务人财产的,人民法院应予支持。管理人因过错未依法行使撤销权导致债务人财产不当减损,债权人可以提起诉讼,要求管理人对其损失承担相应赔偿责任。

> 案例解析

公司在申请破产前低价转让财产的行为是否有效？

某公司是某市一家生产机器设备的公司，由于经营理念出现问题，该公司自2016年以来一直处于亏损状态。2018年7月，该公司已经不能清偿到期债务，处于资不抵债的状况。之后，该公司向法院提出破产申请。2019年5月，法院受理了该企业的破产申请，同时指定了管理人。破产管理人接手后发现，该公司在2018年12月将5台价值20万元的机器低价出售给某公司。对此，破产管理人认为该公司低价转让财产的行为是不合法的，应该予以撤销。该公司在申请破产前低价转让财产的行为是否有效？

公司在申请破产前低价转让财产的行为是否有效，主要取决于其低价转让财产的时间。一般情况下，在市场交易中奉行自由原则，企业以低价转让其财产是允许的。但是，该行为不能损害他人的利益。因为企业低价转让财产，使其财产减少，会导致债权人的利益受损。根据我国《企业破产法》第三十一条的规定，人民法院受理破产申请前一年内，债务人以明显不合理的价格进行交易的财产，管理人有权请求人民法院予以撤销。在法院受理破产申请前的一年内，如果允许企业低价转让财产，则会损害其债权人的利益，有违公平原则。因此，在企业处于破产前的一段时间内，其是不能低价转让财产的。在本案中，该公司在法院受理其破产申请前的一年内低价转让5台价值20万元的机器，属于法律规定的可撤销的行为。所以，破产管理人可以向法院申请撤销该行为。

相关法条

《中华人民共和国企业破产法》

第三十一条 人民法院受理破产申请前一年内，涉及债务人财产的下列行为，管理人有权请求人民法院予以撤销：

（一）无偿转让财产的；

（二）以明显不合理的价格进行交易的；

（三）对没有财产担保的债务提供财产担保的；

（四）对未到期的债务提前清偿的；

（五）放弃债权的。

第三十二条 人民法院受理破产申请前六个月内，债务人有本法第二条第一款规定的情形，仍对个别债权人进行清偿的，管理人有权请求人民法院予以撤销。但是，个别清偿使债务人财产受益的除外。

第三十三条 涉及债务人财产的下列行为无效：

（一）为逃避债务而隐匿、转移财产的；

（二）虚构债务或者承认不真实的债务的。

《最高人民法院关于适用〈中华人民共和国企业破产法〉若干问题的规定（二）》

第十一条 人民法院根据管理人的请求撤销涉及债务人财产的以明显不合理价格进行的交易的，买卖双方应当依法返还从对方获取的财产或者价款。

因撤销该交易，对于债务人应返还受让人已支付价款所产生的债务，受让人请求作为共益债务清偿的，人民法院应予支持。

第十二条 破产申请受理前一年内债务人提前清偿的未到期债务，在破产申请受理前已经到期，管理人请求撤销该清偿行为的，人民法院

第四章 债务人财产

不予支持。但是，该清偿行为发生在破产申请受理前六个月内且债务人有企业破产法第二条第一款规定情形的除外。

第十三条 破产申请受理后，管理人未依据企业破产法第三十一条的规定请求撤销债务人无偿转让财产、以明显不合理价格交易、放弃债权行为的，债权人依据合同法第七十四条等规定提起诉讼，请求撤销债务人上述行为并将因此追回的财产归入债务人财产的，人民法院应予受理。

相对人以债权人行使撤销权的范围超出债权人的债权抗辩的，人民法院不予支持。

第十四条 债务人对以自有财产设定担保物权的债权进行的个别清偿，管理人依据企业破产法第三十二条的规定请求撤销的，人民法院不予支持。但是，债务清偿时担保财产的价值低于债权额的除外。

第十五条 债务人经诉讼、仲裁、执行程序对债权人进行的个别清偿，管理人依据企业破产法第三十二条的规定请求撤销的，人民法院不予支持。但是，债务人与债权人恶意串通损害其他债权人利益的除外。

第十六条 债务人对债权人进行的以下个别清偿，管理人依据企业破产法第三十二条的规定请求撤销的，人民法院不予支持：

（一）债务人为维系基本生产需要而支付水费、电费等的；

（二）债务人支付劳动报酬、人身损害赔偿金的；

（三）使债务人财产受益的其他个别清偿。

第十七条 管理人依据企业破产法第三十三条的规定提起诉讼，主张被隐匿、转移财产的实际占有人返还债务人财产，或者主张债务人虚构债务或者承认不真实债务的行为无效并返还债务人财产的，人民法院应予支持。

三、管理人对债务人财产的追回

在符合法律规定的条件下，管理人对债务人的部分财产享有追回的权利。法律规定管理人对债务人财产的此种权利，是为了避免债务人通过不法行为损害债权人的利益，以体现公平。

根据我国《企业破产法》的规定，在下列情形下，管理人可以对债务人的财产予以追回：

（1）涉及债务人财产的可撤销的行为。第一，人民法院受理破产申请前一年内，涉及债务人财产的下列行为，管理人有权请求人民法院予以撤销：①无偿转让财产的；②以明显不合理的价格进行交易的；③对没有财产担保的债务提供财产担保的；④对未到期的债务提前清偿的；⑤放弃债权的。第二，人民法院受理破产申请前六个月内，债务人有不能清偿到期债务，并且资产不足以清偿全部债务或者明显缺乏清偿能力的情形，仍对个别债权人进行清偿的，管理人有权请求人民法院予以撤销。但是，个别清偿使债务人财产受益的除外。

（2）涉及债务人财产的无效行为。涉及债务人财产的下列行为无效：①为逃避债务而隐匿、转移财产的；②虚构债务或者承认不真实的债务的。

（3）人民法院受理破产申请后，债务人的出资人尚未完全履行出资义务的，管理人应当要求该出资人缴纳所认缴的出资，而不受出资期限的限制。

（4）债务人的董事、监事和高级管理人员利用职权从企业获取的非正常收入和侵占的企业财产，管理人应当追回。其中，在认定是否为"非正常收入"时，应当根据相关的法律规定来认定，如果其获得的收入是从企业领取的工资、奖金、津贴等则应该是合法收入，而如果是董事、经理等利用自己的职权在交易过程中获得的商业回扣,则属于"非正常收入"。

（5）人民法院受理破产申请后,管理人可以通过清偿债务或者提供为债权人所接受的担保,取回质物、留置物。根据我国《民法典》第四百二十五条和第四百四十七条的规定,质物和留置物虽然在质权人和留置权人的控制之下,但这是债务人的财产。因此,为了保障破产程序的顺利进行,保障其他债权人的利益,管理人需要将这些担保财产追回。

案例解析

债务人的董事、监事和高级管理人员利用职权侵占的企业财产,管理人可以追回吗?

某企业是某市一家专门进行软件开发的公司,该公司自2007年成立以来,业绩一直非常好。但是,2016年,该公司的总经理离职后,带走了原来的很多客户和员工,导致该公司的运营出现问题。从此以后,该公司一直处于亏损状态。2018年12月,该公司因资不抵债,明显丧失清偿能力,故向法院申请破产。但是,在人民法院受理破产申请后,破产管理人发现,该公司的董事长吴某利用自己的职权侵占了该公司价值100万元的财产,故管理人便准备追回这部分财产。公司董事长侵占的公司财产,破产管理人可以追回吗?

在破产程序中,如果债务人对财产的处分有害于债权人的利益,则破产管理人有权对债务人处分的财产予以追回。根据我国《企业破产法》第三十六条的规定,债务人的董事、监事和高级管理人员利用职权从企业获取的非正常收入和侵占的企业财产,管理人应当追回。在本案中,某软件公司的董事长吴某利用职权侵占的公司价值100万元的财产，并不属于其个人所有，而应该是企业的财产，故破产管理人可以依法将吴某侵占的财产追回。

相关法条

《中华人民共和国企业破产法》

第三十四条　因本法第三十一条、第三十二条或者第三十三条规定的行为而取得的债务人的财产，管理人有权追回。

第三十五条　人民法院受理破产申请后，债务人的出资人尚未完全履行出资义务的，管理人应当要求该出资人缴纳所认缴的出资，而不受出资期限的限制。

第三十六条　债务人的董事、监事和高级管理人员利用职权从企业获取的非正常收入和侵占的企业财产，管理人应当追回。

第三十七条　人民法院受理破产申请后，管理人可以通过清偿债务或者提供为债权人接受的担保，取回质物、留置物。

前款规定的债务清偿或者替代担保，在质物或者留置物的价值低于被担保的债权额时，以该质物或者留置物当时的市场价值为限。

《中华人民共和国民法典》

第四百二十五条　为担保债务的履行，债务人或者第三人将其动产出质给债权人占有的，债务人不履行到期债务或者发生当事人约定的实现质权的情形，债权人有权就该动产优先受偿。

前款规定的债务人或者第三人为出质人，债权人为质权人，交付的动产为质押财产。

第四百四十七条　债务人不履行到期债务，债权人可以留置已经合法占有的债务人的动产,并有权就该动产优先受偿。

前款规定的债权人为留置权人,占有的动产为留置财产。

四、取回权

根据成立的原因不同,取回权可以分为一般取回权和特别取回权。

(一)一般取回权

1. 一般取回权的含义

一般取回权,是指在破产程序中,对于不属于债务人但却被债务人占有的财产,其所有权人或者其他权利人通过管理人将财产予以取回的权利。一般取回权是基于民法上的物上返还请求权。对此,我国《企业破产法》第三十八条规定,人民法院受理破产申请后,债务人占有的不属于债务人的财产,该财产的权利人可以通过管理人取回。但是,本法另有规定的除外。此为一般取回权。由此可知,根据该法规定,权利人在行使取回权时,可以向管理人主张,如果管理人拒绝,则其可以向法院提出取回权确认之诉的申请。需要注意的是,权利人行使取回权不受约定条件的限制,即使依据合同,债务人仍然有权占有财产,但是,在人民法院受理债务人的破产申请后,财产权利人便可以行使取回权,取回财产。

权利人向管理人主张取回相关财产,管理人不予认可,权利人可以债务人为被告向人民法院提起诉讼请求行使取回权。

权利人依据人民法院或者仲裁机关的相关生效法律文书向管理人主张取回所涉争议财产,管理人不得以生效法律文书错误为由拒绝其行使取回权。

权利人行使取回权,应当在破产财产变价方案或者和解协议、重整计划草案提交债权人会议表决前向管理人提出。权利人在上述期限后主张取回相关财产的,应当承担延迟行使取回权增加的相关费用。

2. 一般取回权的行使期限

根据《最高人民法院关于适用〈中华人民共和国企业破产法〉若干问题的规定(二)》第四十条的规定,债务人重整期间,权利人要求取回债务人合法占有的权利人的财产,必须符合双方事先约定的条件。否则,人民法院不予支持。但是,因管理人或者自行管理的债务人违反约定,可能导致取回物被转让、毁损、灭失或者价值明显减少的除外。

3. 特殊情况下一般取回权的行使方式

权利人行使取回权时未依法向管理人支付相关的加工费、保管费、托运费、委托费、代销费等费用,管理人可以拒绝其取回相关财产。

(1)对债务人占有的权属不清的鲜活易腐等不易保管的财产或者不及时变现价值将严重贬损的财产,管理人及时变价并提存变价款后,有关权利人就该变价款行使取回权的,人民法院应予支持。

(2)债务人占有的他人财产被违法转让给第三人,依据法律规定第三人已善意取得财产所有权,原权利人无法取回该财产的,人民法院应当按照以下规定处理:

①转让行为发生在破产申请受理前的,原权利人因财产损失形成的债权,作为普通破产债权清偿;

②转让行为发生在破产申请受理后的,因管理人或者相关人员执行职务导致原权利人损害产生的债务,作为共益债务清偿。

(3)债务人占有的他人财产被违法转让给第三人,第三人已向债务人支付转让价款,但第三人未依法取得财产所有权,原权利人依法追回转让财产的,对因第三人已支付对价而产生的债务,人民法院应当按照以下规定处理:

①转让行为发生在破产申请受理前的,作为普通破产债权清偿;

②转让行为发生在破产申请受理后的,作为共益债务清偿。

(4)债务人占有的他人财产毁损、灭失,因此获得的保险金、赔偿金、代偿物尚未交付给债务人,或者代偿物虽已交付给债务人但能与债务人财产予以区分的,权利人可以主张取回债务人就此获得的保险金、赔偿金、代偿物。

保险金、赔偿金已经交付给债务人,或者代偿物已经交付给债务人且不能与债务人财产予以区分的,或者债务人没有获得相应的保险金、赔偿金、代偿物,或者保险金、赔偿物、代偿物不足以弥补其损失的部分,人民法院应当按照以下规定处理:

①财产毁损、灭失发生在破产申请受理前的,权利人因财产损失形成的债权,作为普通破产债权清偿;

②财产毁损、灭失发生在破产申请受理后的,因管理人或者相关人员执行职务导致权利人损害产生的债务,作为共益债务清偿。

(二)特别取回权

1. 出卖人行使特别取回权的条件

特别取回权,也被称为出卖人取回权,其源于英美货物买卖法的中途停运权,是指在人民法院受理破产申请时,出卖人已将买卖标的物向作为买受人的债务人发运,债务人尚未收到且未付清全部价款的,出卖人可以取回在运途中的标的物的权利。对此,我国《企业破产法》第三十九条规定,人民法院受理破产申请时,出卖人已将买卖标的物向作为买受人的债务人发运,债务人尚未收到且未付清全部价款的,出卖人可以取回在运途中的标的物。但是管理人可以支付全部价款,请求出卖人交付标的物。根据此条的规定,出卖人行使取回权必须符合下列条件:

(1)出卖人必须已经将买卖标的物发送,并且尚未收到全部价款;

（2）在法院受理买受人的破产申请时，买卖标的物处于运输途中。但是，此处的运输途中，并不仅限于买卖标的物处于运输途中这一状态。如果买卖标的物已经被运送到买受人所在地或者在仓库中，但买受人并未领取，即买受人没有实际占有和控制标的物，此时，标的物仍然属于"运输状态"。反之，如果买受人进入破产程序时，标的物已经被交付，此时，出卖人则不能行使取回权，只能向破产管理人申报债权。

2. 出卖人取回所有权保留合同标的物的方式

根据《最高人民法院关于适用〈中华人民共和国企业破产法〉若干问题的规定（二）》第三十八条的规定，买受人破产，其管理人决定解除所有权保留买卖合同，出卖人可以主张取回买卖标的物。出卖人取回买卖标的物，买受人管理人可以主张出卖人返还已支付价款。取回的标的物价值明显减少给出卖人造成损失的，出卖人可从买受人已支付价款中优先予以抵扣后，将剩余部分返还给买受人；对买受人已支付价款不足以弥补出卖人标的物价值减损形成的债权，出卖人可以主张作为共益债务清偿。

3. 出卖人行使取回权的限制

根据《最高人民法院关于适用〈中华人民共和国企业破产法〉若干问题的规定（二）》第三十九条的规定，出卖人通过通知承运人或者实际占有人中止运输、返还货物、变更到达地，或者将货物交给其他收货人等方式，对在运途中标的物主张了取回权但未能实现，或者在货物未达管理人前已向管理人主张取回在运途中标的物，在买卖标的物到达管理人后，出卖人向管理人主张取回的，管理人应予准许。但是，出卖人对在运途中标的物未及时行使取回权，在买卖标的物到达管理人后向管理人行使在运途中标的物取回权的，管理人不应准许。

第四章 债务人财产

案例解析

出卖人可以取回向破产企业出售的货物吗？

2018年12月，某家具制造公司因生产经营出现困难，资不抵债，便向某法院申请破产。2019年1月，法院受理了该家具公司的破产申请，该公司进入破产程序。之后，该公司的债权人先后向管理人申报债权。此时，某木材制造厂向该公司出售了一批红木，正在运输途中，并且该家具公司只支付了一半的货款。在得到家具公司申请破产的消息后，该木材制造厂准备向破产管理人申请取回在运输途中的木材。木材制造厂有权取回这批木材吗？

法律规定了出卖人的取回权，其目的是保障出卖人的合法权益，避免出卖人因债务人破产而受到损害。但是，出卖人行使取回权必须符合法律规定的条件。对此，我国《企业破产法》第三十九条规定，人民法院受理破产申请时，出卖人已将买卖标的物向作为买受人的债务人发运，债务人尚未收到且未付清全部价款的，出卖人可以取回在运途中的标的物。但是，管理人可以支付全部价款，请求出卖人交付标的物。因此，在本案中，木材正在运输途中，并且债务人某家具制造公司没有付清全部价款，故木材制造厂可以取回这批木材。此外，破产管理人也可以付清全部价款，请求出卖人交付木材。

相关法条

《中华人民共和国企业破产法》

第三十八条 人民法院受理破产申请后，债务人占有的不属于债务人的财产，该财产的权利人可以通过管理人取回。但是，本法另有规定的除外。

第三十九条　人民法院受理破产申请时，出卖人已将买卖标的物向作为买受人的债务人发运，债务人尚未收到且未付清全部价款的，出卖人可以取回在运途中的标的物。但是，管理人可以支付全部价款，请求出卖人交付标的物。

《最高人民法院关于适用〈中华人民共和国企业破产法〉若干问题的规定（二）》

第二十六条　权利人依据企业破产法第三十八条的规定行使取回权，应当在破产财产变价方案或者和解协议、重整计划草案提交债权人会议表决前向管理人提出。权利人在上述期限后主张取回相关财产的，应当承担延迟行使取回权增加的相关费用。

第二十七条　权利人依据企业破产法第三十八条的规定向管理人主张取回相关财产，管理人不予认可，权利人以债务人为被告向人民法院提起诉讼请求行使取回权的，人民法院应予受理。

权利人依据人民法院或者仲裁机关的相关生效法律文书向管理人主张取回所涉争议财产，管理人以生效法律文书错误为由拒绝其行使取回权的，人民法院不予支持。

第二十八条　权利人行使取回权时未依法向管理人支付相关的加工费、保管费、托运费、委托费、代销费等费用，管理人拒绝其取回相关财产的，人民法院应予支持。

第二十九条　对债务人占有的权属不清的鲜活易腐等不易保管的财产或者不及时变现价值将严重贬损的财产，管理人及时变价并提存变价款后，有关权利人就该变价款行使取回权的，人民法院应予支持。

第三十条　债务人占有的他人财产被违法转让给第三人，依据物权

第四章 债务人财产

法第一百零六条的规定第三人已善意取得财产所有权，原权利人无法取回该财产的，人民法院应当按照以下规定处理：

（一）转让行为发生在破产申请受理前的，原权利人因财产损失形成的债权，作为普通破产债权清偿；

（二）转让行为发生在破产申请受理后的，因管理人或者相关人员执行职务导致原权利人损害产生的债务，作为共益债务清偿。

第三十一条　债务人占有的他人财产被违法转让给第三人，第三人已向债务人支付了转让价款，但依据物权法第一百零六条的规定未取得财产所有权，原权利人依法追回转让财产的，对因第三人已支付对价而产生的债务，人民法院应当按照以下规定处理：

（一）转让行为发生在破产申请受理前的，作为普通破产债权清偿；

（二）转让行为发生在破产申请受理后的，作为共益债务清偿。

第三十二条　债务人占有的他人财产毁损、灭失，因此获得的保险金、赔偿金、代偿物尚未交付给债务人，或者代偿物虽已交付给债务人但能与债务人财产予以区分的，权利人主张取回就此获得的保险金、赔偿金、代偿物的，人民法院应予支持。

保险金、赔偿金已经交付给债务人，或者代偿物已经交付给债务人且不能与债务人财产予以区分的，人民法院应当按照以下规定处理：

（一）财产毁损、灭失发生在破产申请受理前的，权利人因财产损失形成的债权，作为普通破产债权清偿；

（二）财产毁损、灭失发生在破产申请受理后的，因管理人或者相关人员执行职务导致权利人损害产生的债务，作为共益债务清偿。

债务人占有的他人财产毁损、灭失，没有获得相应的保险金、赔偿金、代偿物，或者保险金、赔偿物、代偿物不足以弥补其损失的部分，人民法院应当按照本条第二款的规定处理。

第三十八条 买受人破产，其管理人决定解除所有权保留买卖合同，出卖人依据企业破产法第三十八条的规定主张取回买卖标的物的，人民法院应予支持。

出卖人取回买卖标的物，买受人管理人主张出卖人返还已支付价款的，人民法院应予支持。取回的标的物价值明显减少给出卖人造成损失的，出卖人可从买受人已支付价款中优先予以抵扣后，将剩余部分返还给买受人；对买受人已支付价款不足以弥补出卖人标的物价值减损损失形成的债权，出卖人主张作为共益债务清偿的，人民法院应予支持。

第三十九条 出卖人依据企业破产法第三十九条的规定，通过通知承运人或者实际占有人中止运输、返还货物、变更到达地，或者将货物交给其他收货人等方式，对在运途中标的物主张了取回权但未能实现，或者在货物未达管理人前已向管理人主张取回在运途中标的物，在买卖标的物到达管理人后，出卖人向管理人主张取回的，管理人应予准许。

出卖人对在运途中标的物未及时行使取回权，在买卖标的物到达管理人后向管理人行使在运途中标的物取回权的，管理人不应准许。

第四十条 债务人重整期间，权利人要求取回债务人合法占有的权利人的财产，不符合双方事先约定条件的，人民法院不予支持。但是，因管理人或者自行管理的债务人违反约定，可能导致取回物被转让、毁损、灭失或者价值明显减少的除外。

五、破产抵销权的行使及限制

（一）破产抵销权的行使

1. 破产抵销权行使的条件

破产抵销权，是指在破产受理前，破产债权人对债务人负有的债务,无论其债权与所负的债务种类是否相同,也无论债权债务是否附条件或者附期限,均可以用债权抵销其债务的权利。然而,破产抵销权必须在满足法律规定的条件下才能行使:(1)债务发生在破产申请受理前;(2)债权人主观上没有恶意;(3)行使权利的主体只能是债权人。根据《最高人民法院关于适用〈中华人民共和国企业破产法〉若干问题的规定(二)》第四十一条的规定,债权人依据《企业破产法》第四十条的规定行使抵销权,应当向管理人提出抵销主张。管理人不得主动抵销债务人与债权人的互负债务,但抵销使债务人财产受益的除外。破产抵销权源于民法上的抵销权,但是两者存在一定的区别,主要体现在以下四个方面:

(1)债务是否到期不同。破产抵销权的债务可以不到期,而民法上抵销的债务必须是双方债务都已经到期。

(2)债务的种类要求不同。破产抵销权中的债务种类、品质不一定相同,而民法中相互抵销的债务种类、品质必须相同。

(3)权利请求主体不同。破产抵销权只能由债权人提出,破产管理人与破产人不得主张抵销,而民法上的抵销权可以由双方提出。

(4)对债务双方的主观要求不同。破产抵销权对特定期限内成立的债权债务,要求债权人必须没有恶意,而民法上的抵销权则无须考虑主观情况。

2. 破产抵销权行使的程序

根据《最高人民法院关于适用〈中华人民共和国企业破产法〉若干问题的规定(二)》第四十二条的规定,债权人应当向管理人提出抵销主张。管理人收到债权人提出的主张债务抵销的通知后,经审查无异议的,抵销自管理人收到通知之日起生效。

3. 管理人对抵销权的异议及救济方式

管理人对抵销主张有异议的,应当在约定的异议期限内或者自收到主张债务抵销的通知之日起三个月内向人民法院提起诉讼。无正当理由逾期提起的,人民法院不予支持。人民法院判决驳回管理人提起的抵销无效诉讼请求的,该抵销自管理人收到主张债务抵销的通知之日起生效。但是,债权人主张抵销,管理人不得以下列理由提出异议:(1)破产申请受理时,债务人对债权人负有的债务尚未到期;(2)破产申请受理时,债权人对债务人负有的债务尚未到期;(3)双方互负债务标的物种类、品质不同。此外,债务人的股东主张以下列债务与债务人对其负有的债务抵销,债务人管理人提出异议的,人民法院应予支持:(1)债务人股东因欠缴债务人的出资或者抽逃出资对债务人所负的债务;(2)债务人股东滥用股东权利或者关联关系损害公司利益对债务人所负的债务。

(二)破产抵销权行使的限制

破产抵销权在破产程序中设立的目的是最大限度保证所有债权人的债权可以得到公平受偿,同时保障提高债务清偿的效率。在破产程序中,债权人通过行使抵销权可以使其债权与其对债务人所负的债务归于消灭,可以在某种程度上保障债权人的利益。但是,为了避免债权人在破产程序中通过各种手段对债务人负担债务,或者债务人的债务人通过各种方式低价购买对债务人的债权,以损害其他破产债权人的合法利益,法律对破产抵销权的行使规定了一些限制。根据我国《企业破产法》第四十条的规定,在以下情形下,债权人不得向管理人主张抵销债权债务:

(1)债务人的债务人在破产申请受理后取得他人对债务人的债权的;

(2)债权人已知债务人有不能清偿到期债务或者破产申请的事实,对债务人负担债务的;但是,债权人因为法律规定或者有破产申请一年前所发生的原因而负担债务的除外；

（3）债务人的债务人已知债务人有不能清偿到期债务或者破产申请的事实，对债务人取得债权的；但是，债务人的债务人因为法律规定或者有破产申请一年前所发生的原因而取得债权的除外。

另外，根据《最高人民法院关于适用〈中华人民共和国企业破产法〉若干问题的规定（二）》第四十五条的规定，《企业破产法》第四十条所列不得抵销情形的债权人，主张以其对债务人特定财产享有优先受偿权的债权，与债务人对其不享有优先受偿权的债权抵销，债务人管理人以抵销存在《企业破产法》第四十条规定的情形提出异议的，人民法院不予支持。但是，用以抵销的债权大于债权人享有优先受偿权财产价值的除外。

同时，在破产申请受理前六个月内，债务人出现法律规定的破产情形，债务人与个别债权人以抵销方式对个别债权人清偿，其抵销的债权债务属于《企业破产法》第四十条第（二）、（三）项规定的情形之一，管理人在破产申请受理之日起三个月内向人民法院提起诉讼，主张该抵销无效的，人民法院应予支持。

案例解析

债权人在破产申请受理后对债务人负有债务的，可以向管理人主张抵销吗？

2018年9月，某服装公司因明显丧失清偿能力向法院申请破产。同年12月，法院受理了该公司的破产申请。在进入破产程序之后，债权人向破产管理人申报债权。某百货公司对该服装公司享有10万元的债权，并进行了申报。2019年1月，某百货公司购买了该服装公司价值 9 万元的服装，一直未支付货款。百货公司为了避免自己的债权按比例清偿，故向破产管理人申请抵销债权。百货公司可以向破产管理人申请抵销债权吗？

为了保护债权人的合法权益，在债权人对破产企业负有债务时，法律赋予了债权人对企业债务的抵销权。但是，该抵销权的行使必须符合法律规定的条件。根据我国《企业破产法》第四十条的规定，债权人向管理人主张抵销权必须具备下列条件：（1）债权人对债务人负有的债务必须是在破产申请受理前；（2）该抵销权只能由债权人主张，债务人及其管理人不得主张。在本案中，百货公司对债务人某服装公司的债务是在法院受理该公司的破产申请之后，不符合债权抵销的时间条件，故不能主张抵销债权。

相关法条

《中华人民共和国企业破产法》

第四十条 债权人在破产申请受理前对债务人负有债务的，可以向管理人主张抵销。但是，有下列情形之一的，不得抵销：

（一）债务人的债务人在破产申请受理后取得他人对债务人的债权的；

（二）债权人已知债务人有不能清偿到期债务或者破产申请的事实，对债务人负担债务的；但是，债权人因为法律规定或者有破产申请一年前所发生的原因而负担债务的除外；

（三）债务人的债务人已知债务人有不能清偿到期债务或者破产申请的事实，对债务人取得债权的；但是，债务人的债务人因为法律规定或者有破产申请一年前所发生的原因而取得债权的除外。

《最高人民法院关于适用〈中华人民共和国企业破产法〉若干问题的规定（二）》

第四十一条 债权人依据企业破产法第四十条的规定行使抵销权，应当向管理人提出抵销主张。

管理人不得主动抵销债务人与债权人的互负债务，但抵销使债务人财产受益的除外。

第四十二条 管理人收到债权人提出的主张债务抵销的通知后，经审查无异议的，抵销自管理人收到通知之日起生效。

管理人对抵销主张有异议的，应当在约定的异议期限内或者自收到主张债务抵销的通知之日起三个月内向人民法院提起诉讼。无正当理由逾期提起的，人民法院不予支持。

人民法院判决驳回管理人提起的抵销无效诉讼请求的，该抵销自管理人收到主张债务抵销的通知之日起生效。

第四十三条 债权人主张抵销，管理人以下列理由提出异议的，人民法院不予支持：

（一）破产申请受理时，债务人对债权人负有的债务尚未到期；

（二）破产申请受理时，债权人对债务人负有的债务尚未到期；

（三）双方互负债务标的物种类、品质不同。

第四十四条 破产申请受理前六个月内，债务人有企业破产法第二条第一款规定的情形，债务人与个别债权人以抵销方式对个别债权人清偿，其抵销的债权债务属于企业破产法第四十条第（二）、（三）项规定的情形之一，管理人在破产申请受理之日起三个月内向人民法院提起诉讼，主张该抵销无效的，人民法院应予支持。

第四十五条 企业破产法第四十条所列不得抵销情形的债权人，主张以其对债务人特定财产享有优先受偿权的债权，与债务人对其不享有优先受偿权的债权抵销，债务人管理人以抵销存在企业破产法第四十条规定的情形提出异议的，人民法院不予支持。但是，用以抵销的债权大于债权人享有优先受偿权财产价值的除外。

第四十六条　债务人的股东主张以下列债务与债务人对其负有的债务抵销，债务人管理人提出异议的，人民法院应予支持：

（一）债务人股东因欠缴债务人的出资或者抽逃出资对债务人所负的债务；

（二）债务人股东滥用股东权利或者关联关系损害公司利益对债务人所负的债务。

第五章

破产费用和共益债务

第五章 破产费用和共益债务

一、破产费用的范围

破产费用，是指法院受理企业破产申请后，在破产程序中为保护债权人的共同利益而支出的必要费用。从性质来看，破产费用属于成本性支出，须从破产债务人的财产中支付；从构成要件来看，破产费用须是在破产程序中产生，且其产生的基础是为保护债权人的共同利益。破产费用的范围包括破产案件的诉讼费用，管理、变价和分配债务人财产的费用，管理人执行职务的费用、报酬和聘用工作人员的费用。

破产案件的诉讼费用，包括案件的受理费、送达费、财产保全费等一切在破产案件中产生的诉讼费用。该诉讼费应当是为保护全体债权人的利益而产生，区别于个别债权人因其他争议所产生的诉讼费用。

管理、变价和分配债务人财产的费用，是破产管理人在接管债务人财产后对财产进行管理、变价、分配所支出的费用。破产管理人的管理工作必然产生成本，这就需要从债务人的财产中支出，例如对债务人财产的运输费用、仓储费用以及水电费等。变价费用系破产管理人为将债务人的非货币财产转变为货币而必须支出的费用，包括财产估价费用、拍卖费用、公告费用等。分配债务人财产的费用，是指破产管理人将债务人的财产分配给债权人的过程中所产生的费用，包括公告费用、通知费用、文书制作费用等。

管理人执行职务的费用主要包括管理人为破产程序租用办公场地的费用、日常办公费用、差旅费等。管理人接管企业破产程序的报酬应当根据最高人民法院规定的标准来确定，这部分报酬也应当从债务人的财产中优先支付。破产程序复杂，专业性强，需要具有特定资格的人员参与，如律师、审计师等。根据我国《企业破产法》的规定，经法院许可，管理人可以聘用工作人员来协助完成工作，从债务人财产中支付相关费用。

案例解析

下列费用中，哪些属于破产费用？

A公司因经营不善，无力偿还到期债务，其债权人甲向A公司所在地法院提出破产申请，诉讼费10万元。法院受理该破产申请，并指定B律师事务所为破产管理人。经查，A公司现有房产两处价值400万元，其中一处房产以200万元抵押给C银行贷款130万元，C银行已申报债权；货物若干价值40万元；另有一企业尚欠该公司货款90万元。A公司的负债情况为，欠D公司250万元、C公司300万元，尚有80万元职工工资及保险未结。破产管理人在将A公司的房产、货物拍卖变现的过程中花费30万元，发布公告通知债权人申报债权花费5万元，管理人报酬为10万元，债权人甲为参加债权人会议支出差旅费3000元。以上费用中，破产费用是多少？

根据我国《企业破产法》第四十一条的规定，破产费用的范围包括破产案件的诉讼费用，管理、变价和分配债务人财产的费用，管理人执行职务的费用、报酬和聘用工作人员的费用。故A公司破产费用为10万元+30万元+5万元+10万元=55万元，该笔费用可从破产财产中随时支付。破产费用具有共益性，须是为了全体债权人的利益，因此债权人甲为个人利益参加会议的差旅费不属于破产费用。

相关法条

《中华人民共和国企业破产法》
第四十一条 人民法院受理破产申请后发生的下列费用,为破产费用:
(一)破产案件的诉讼费用;
(二)管理、变价和分配债务人财产的费用;
(三)管理人执行职务的费用、报酬和聘用工作人员的费用。

二、共益债务的范围

共益债务,是指法院受理破产申请后,破产管理人在破产程序中为了全部债权人的共同利益而产生的债务,可以在破产程序进行的过程中随时进行清偿。具体而言,共益债务主要包括因管理人或者债务人请求对方当事人履行双方均未履行完毕的合同所产生的债务、债务人财产受无因管理所产生的债务、因债务人不当得利所产生的债务、为债务人继续营业而应支付的劳动报酬和社会保险费用以及由此产生的其他债务、管理人或者相关人员执行职务致人损害所产生的债务、债务人财产致人损害所产生的债务。

共益债务可分为两大类:一类是因合同的履行和继续经营而产生的债务,另一类是因法定原因产生的债务。因合同的履行和继续经营而产生的债务,体现了破产管理人的主观性,需管理人判断怎样可以增加债务人财产,有利于全体债权人的利益,包括对债务人财产的保护、升值等。对于未完全履行的合同,管理人可选择继续履行或者解除合同,选择的基础是将债权人利益最大化。若破产企业继续经营有利于债权人利益,为此支出的费用,如聘用工作人员的报酬等,属于共益债务。因法定原因产生的债务,包括债务人财产受无因管理所产生的债务、因债务人不当得利所产生的债务、管理人或者相关人员执行职务致人损害所产生的债务、债务人财产致人损害所产生的债务。其中,若因管理人执行职务不当致使债务人财产减少,在债务人承担共益债务后,债权人可主张管理人对其损失承担赔偿责任。

案例解析

企业在破产程序中违法买卖形成的债务是否属于共益债务?

某机械设备制造公司经营不善,出现严重资不抵债的情形,向法院申请破产,法院予以受理。在破产程序中,该公司将从 A 公司租赁的 5 台机器以 10 万元的价格卖给 B 公司,并签订《买卖合同》,B 公司已支付货款,但机器尚未交付。A 公司向该机械设备制造公司主张返还 5 台机器,对于 B 公司已经支付的货款应如何处理?该货款属于普通债权还是共益债务?

在破产程序中,企业可以继续经营,但违法买卖依然要承担相应的责任。在本案的买卖过程中,虽该公司将无权处分的货物卖给第三人 B 公司,但机器尚未交付,故 B 公司未取得所有权,A 公司作为所有权人有权追回。对于 B 公司已经支付的货款,可作为机械设备制造公司的债务处理,根据我国《最高人民法院关于适用〈中华人民共和国企业破产法〉若干问题的规定(二)》第三十一条的规定,债务人占有的他人财产被违法转让给第三人,第三人已向债务人支付了转让价款,但未取得财产所有权,原权利人依法追回转让财产的,对因第三人已支付对价而产生的债务,转让行为发生在破产申请受理后的,作为共益债务清偿。故该货款可以作为共益债务从破产财产中随时清偿。

相关法条

《中华人民共和国企业破产法》

第四十二条 人民法院受理破产申请后发生的下列债务，为共益债务：

（一）因管理人或者债务人请求对方当事人履行双方均未履行完毕的合同所产生的债务；

（二）债务人财产受无因管理所产生的债务；

（三）因债务人不当得利所产生的债务；

（四）为债务人继续营业而应支付的劳动报酬和社会保险费用以及由此产生的其他债务；

（五）管理人或者相关人员执行职务致人损害所产生的债务；

（六）债务人财产致人损害所产生的债务。

《最高人民法院关于适用〈中华人民共和国企业破产法〉若干问题的规定（二）》

第三十条 债务人占有的他人财产被违法转让给第三人，依据物权法第一百零六条的规定第三人已善意取得财产所有权，原权利人无法取回该财产的，人民法院应当按照以下规定处理：

（一）转让行为发生在破产申请受理前的，原权利人因财产损失形成的债权，作为普通破产债权清偿；

（二）转让行为发生在破产申请受理后的，因管理人或者相关人员执行职务导致原权利人损害产生的债务，作为共益债务清偿。

第三十一条 债务人占有的他人财产被违法转让给第三人，第三人已向债务人支付了转让价款，但依据物权法第一百零六条的规定未取得财产所有权，原权利人依法追回转让财产的，对因第三人已支付对价而产生的债务，人民法院应当按照以下规定处理：

（一）转让行为发生在破产申请受理前的，作为普通破产债权清偿；

（二）转让行为发生在破产申请受理后的，作为共益债务清偿。

三、破产费用与共益债务的清偿

破产费用和共益债务不属于破产法中的破产债权，它们是为了全体债权人的利益而产生，因此破产法对破产费用和共益债务进行了特殊规定。破产费用和共益债务发生后，可以根据破产程序需要从债务人财产中随时清偿，以保证破产程序的进行，这是破产费用和共益债务与普通债权的本质区别。破产费用和共益债务的清偿适用优先清偿原则和比例清偿原则。

优先清偿原则，是指破产费用和共益债务的清偿优先于普通债权，可以在破产程序进行的过程中随时清偿。而且，当债务人财产不足以清偿全部破产费用和共益债务时，其两者之间也有顺序，即破产费用优先于共益债务从债务人财产中清偿。

比例清偿原则，是指当债务人财产不足以清偿全部的破产费用和共益债务时，可以按照比例对破产费用或共益债务进行清偿。若债务人财产可以清偿全部破产费用，但不足以清偿全部共益债务，则在清偿破产费用后，各项共益债务按照其所占比例进行清偿。若债务人财产不足以清偿全部破产费用，则各项破产费用按照其所占比例进行清偿，同时，破产管理人应当向法院申请终结破产程序。

第五章 破产费用和共益债务

案例解析

破产费用与共益债务如何清偿？

甲服装公司因管理不善长期亏损，不能清偿到期债务，严重资不抵债，遂向法院申请破产。法院受理此案，并指定乙会计师事务所为破产管理人。管理人接管后，对甲公司经营状况列出如下清单：（1）甲公司有两间厂房价值200万元，抵押给A银行贷款150万元；（2）公司账户尚有余额8万元；（3）甲公司尚欠丙公司货款80万元，有50万元职工工资未付；（4）管理人对厂房拍卖变现花费5万元；（5）破产案件的受理费10万元、文书送达费用1万元、律师费10万元；（6）管理人报酬20万元；（7）管理人在执行职务时因工作失误导致厂房货物出现倒塌，造成一位工作人员人身伤害，需支付医疗费15万元；（8）受无因管理需支出的费用为5万元。甲公司的破产费用和共益债务如何清偿？

在清偿破产费用和共益债务之前，首先应确定可支配的破产财产。破产财产，是指破产公司中可供债权人分配清偿的财产。根据我国《企业破产法》第三十条的规定，甲公司的破产财产为厂房及账户余额，因甲公司将厂房作价抵押，根据我国《企业破产法》第一百零九条的规定，A银行享有优先受偿权，实现担保物权后的剩余价值可用于清偿其他债务。因此，甲公司的破产财产为200万–150万元+8万元=58万元。破产费用包括厂房拍卖费5万元、破产案件的受理费10万元、文书送达费用1万元、律师费10万元、管理人报酬20万元，共计46万元。共益债务包括医疗费15万元、无因管理费用5万元，共计20万元。根据我国《企业破产法》第四十三条的规定，债务人财产不足以清偿所有破产费用和共益债务的，先行清偿破产费用；债务人财产不足以清偿所有破产费用或者共益债务的，按照比例清偿。因破产财产支付破产费用后仅剩12万元，不能清偿全部共益债务，因此剩余共益债务按照比例清偿，医疗费为9万元，无因管理费用为3万元。

相关法条

《中华人民共和国企业破产法》

第三十条 破产申请受理时属于债务人的全部财产，以及破产申请受理后至破产程序终结前债务人取得的财产，为债务人财产。

第四十三条 破产费用和共益债务由债务人财产随时清偿。

债务人财产不足以清偿所有破产费用和共益债务的，先行清偿破产费用。

债务人财产不足以清偿所有破产费用或者共益债务的，按照比例清偿。

债务人财产不足以清偿破产费用的，管理人应当提请人民法院终结破产程序。人民法院应当自收到请求之日起十五日内裁定终结破产程序，并予以公告。

《最高人民法院关于适用〈中华人民共和国企业破产法〉若干问题的规定(二)》

第一条 除债务人所有的货币、实物外，债务人依法享有的可以用货币估价并可以依法转让的债权、股权、知识产权、用益物权等财产和财产权益，人民法院均应认定为债务人财产。

第三条 债务人已依法设定担保物权的特定财产，人民法院应当认定为债务人财产。

对债务人的特定财产在担保物权消灭或者实现担保物权后的剩余部分，在破产程序中可用以清偿破产费用、共益债务和其他破产债权。

第三十三条 管理人或者相关人员在执行职务过程中,因故意或者重大过失不当转让他人财产或者造成他人财产毁损、灭失,导致他人损害产生的债务作为共益债务,由债务人财产随时清偿不足弥补损失,权利人向管理人或者相关人员主张承担补充赔偿责任的,人民法院应予支持。

上述债务作为共益债务由债务人财产随时清偿后,债权人以管理人或者相关人员执行职务不当导致债务人财产减少给其造成损失为由提起诉讼,主张管理人或者相关人员承担相应赔偿责任的,人民法院应予支持。

第六章

———

债权申报

一、债权申报的条件和特征

债权人有权依照法律规定行使自己的权利。债务人破产后,为保证自己的债权得以实现,债权人依法享有债权申报权。所谓债权申报,是指破产程序开始后,债权人以获得清偿为目的,依法向管理人主张债权并证明债权存在以参与破产程序的法律行为,此乃债权人参与破产程序的必要条件。作为一项可申报的债权,必须符合以下条件:第一,该债权发生在平等民事主体之间,非平等民事主体之间发生的债权不得申报,例如行政机关对债务人作出罚款等行政处罚产生的债权不得申报;第二,该债权在人民法院受理破产申请时已存在,但该债权是否到期则在所不问;第三,该债权以财产给付为内容;第四,该债权为可依法主张的合法、有效债权,如果债权人与债务人之间的债权债务因违反法律规定而无效或诉讼时效已经届满,则不能申报;第五,该债权以债务人财产为受偿基础,如果该债权的受偿基础为信托财产或债务人其他不受破产程序约束的财产,则不在申报之列。

债权申报具有以下特征:

(1)主体特定性。债权申报的权利主体是在人民法院受理破产申请时对债务人享有债权的人,债权申报的对象是债务人的破产管理人和重整期间经人民法院批准的可自行管理财产和营业事务的债务人。

(2)时间限制性。债权人必须在法律规定的期限内申报债权,否则其权利的行使将受到限制。债权申报期限由人民法院确定,通常为三十日至三个月,自人民法院发布受理破产申请公告之日起计算。

(3)内容确定性。债权人申报债权时,以债权债务关系真实合法有效存在为主要内容,债权人的证明行为也围绕这一内容展开。

(4)尊重当事人意思自治。债权申报是债权人的权利,也是债权人的单方意思表示，债权人有权自行决定是否申报债权。

> 案例解析

债务人进入破产程序，债权人应通过何种方式主张权利？

M 公司与 H 公司系多年合作伙伴，2018 年 1 月 5 日，双方签订买卖合同，约定 H 公司自 M 公司处购买预制板，供 H 公司位于安和市的建设工程使用。2018 年 7 月底，M 公司根据 H 公司的要求履行了全部供货义务，双方签订了结算协议，约定在 2018 年 11 月 30 日之前完成付款。后 H 公司未依约付款，M 公司多次催收无果后，将 H 公司诉至 Q 法院，要求 H 公司支付货款和逾期付款的违约金。2019 年 4 月 26 日，Q 法院作出判决，要求 H 公司在判决生效之日起两日内向 M 公司支付货款和违约金共计 409.87 万元。判决生效后，H 公司仍未履行付款义务。2019 年 5 月 8 日，M 公司申请强制执行。执行过程中，H 公司被其他债权人申请破产并已由 Q 法院受理。2019 年 6 月 3 日，M 公司收到中止执行生效法律文书的民事裁定书。M 公司应当通过何种方式在何时、向谁主张自己的权利？

我国《企业破产法》第四十四条规定，债务人进入破产程序后，债权人应当依法行使权利。通常而言，债权人要实现债权，首先要做的就是参与破产程序，这就要求债权人依法进行债权申报。为保障破产程序顺利高效进行，《企业破产法》第四十五条规定："人民法院受理破产申请后，应当确定债权人申报债权的期限。债权申报期限自人民法院发布受理破产申请公告之日起计算，最短不得少于三十日，最长不得超过三个月。"第四十八条第一款规定："债权人应当在人民法院确定的债权申报期限内向管理人申报债权。"上述案例中，M 公司申请强制执行生效法律文书的主张因债务人 H 公司进入破产程序而依法中止。为保障自己的合法权益，根据前述法律的规定，M 公司应当在 Q 法院发布的破产申请受理公告上确定的债权申报期限内向管理人申报债权。

相关法条

《中华人民共和国企业破产法》

第四十四条 人民法院受理破产申请时对债务人享有债权的债权人，依照本法规定的程序行使权利。

第四十五条 人民法院受理破产申请后，应当确定债权人申报债权的期限。债权申报期限自人民法院发布受理破产申请公告之日起计算，最短不得少于三十日，最长不得超过三个月。

第四十八条第一款 债权人应当在人民法院确定的债权申报期限内向管理人申报债权。

第七十三条 在重整期间，经债务人申请，人民法院批准，债务人可以在管理人的监督下自行管理财产和营业事务。

有前款规定情形的，依照本法规定已接管债务人财产和营业事务的管理人应当向债务人移交财产和营业事务，本法规定的管理人的职权由债务人行使。

《最高人民法院关于适用〈中华人民共和国企业破产法〉若干问题的规定（二）》

第二十二条 破产申请受理前，债权人就债务人财产向人民法院提起本规定第二十一条第一款所列诉讼，人民法院已经作出生效民事判决书或者调解书但尚未执行完毕的，破产申请受理后，相关执行行为应当依据企业破产法第十九条的规定中止,债权人应当依法向管理人申报相关债权。

二、未到期债权、附利息债权与附条件、附期限债权和诉讼、仲裁未决债权的申报

毋庸置疑的是,债权应在相应债务清偿期限届满时获得清偿,债权人也只能在债务履行期届满之时或之后向债务人主张权利。但是,在破产程序中,这一规则被突破了。破产程序在一定程度上可以被视为一种概括式的集体清偿程序,程序结束后,与债务人有关的债权债务关系全部依法消灭,如果将未到期债权阻拦在清偿门槛之外,相关债权人的合法权益势必受到侵害。故此,为充分保障债权人的权利,保证所有债权依法实现公平受偿,我国《企业破产法》规定了债务加速到期制度,债务人依法进入破产程序的,未到期的债权自破产申请被受理之日起加速到期,相关债权人也可以向管理人申报债权。

附利息的债权在破产程序中也被赋予了特别规则对待。以常见的金融借款合同为例,合同约定的还款期限届满后,债务人不仅应偿付借款本金,还应当按约定支付利息,利息往往都是计算至债务清偿完毕之日止。破产程序中,由于债权人可以主张的是"人民法院受理破产申请时享有的债权",故破产程序开始后产生的利息并不在此范围内,债权人享有的附利息债权之利息自破产程序开始之日起停止计算。有的学者试图从另一个角度解释附利息债权自破产程序开始之日起停止计息的原因。他们认为,如果允许附利息债权在实现清偿之前一直处于计息状态,其数额将一直处于变动中,对于其他不计息的债权而言,附利息债权可能获得优待,基于债权平等原则,附利息债权的利息应当在破产程

序开始之日起便停止计算。这也不失为一种合理解释。

需要注意的是，除附利息债权的利息之外，破产程序开始后，债务人欠缴款项产生的滞纳金，例如债务人欠缴税款产生的滞纳金、未履行生效法律文书产生的应加倍支付的迟延利息和劳动保险金的滞纳金等，也不能作为破产债权申报。

实践中，有的债权是附条件、附期限债权，同未到期债权一样，为妥善保障债权人的合法权益，只要该债权存在，无论其所附条件是否成就、所附期限是否届满，债权人都可以向管理人申报债权。除此之外，如果债务人进入破产程序时，债权人与债务人之间的债权债务关系仍处于争议之中，尚未得到人民法院或仲裁机构裁决的，债权人也可以向管理人申报债权，申报数额通常以其向人民法院或仲裁机构主张的数额为标准。值得注意的是，由于前述债权存在不确定性，所以债权申报的行为并不一定等于债权人能够参与破产财产分配以实现债权。

案例解析

破产程序中，债务人逾期付款产生的利息如何计算？

2017年3月7日，S公司与L公司签订《物资材料采购合同》，约定L公司向S公司购买烧结点火炉三台，每台单价为32万元，总金额为96万元。合同约定结算方式、时间地点为签订合同时预付30%，发货前付30%，安装调试合格开具全额增值税发票之日起三日内付40%。如L公司逾期付款，应当按日3‰的标准支付违约金。合同签订当日，L公司向S公司转账支付57.6万元，后S公司依约交货。同年4月24日，L公司收到S公司开具的增值税专用发票三张，但L公司未依约给付余下的货款。2019年1月1日，双方就欠付货款一事达成协议，明确L公司须在2019年1月10日前向S公司支付货款及违约金合计50万元，否则应按月利率1.5%的标准支付迟延履行的利息。L公司到期未付款。2019年1月23日，Q法院受理L公司的破产申请，并指定J律所为管理人。S公司依法向J律所申报债权，要求L公司支付未付货款及利息。J律所指出，逾期利息只能计算到2019年1月23日。J律所的说法正确吗？债务人逾期付款产生的利息应如何计算？

管理人J律所的说法是正确的。我国《企业破产法》第四十六条第二款规定："附利息的债权自破产申请受理时起停止计息。"据此可知，债务人进入破产程序后，原附有利息的债权的利息自人民法院受理破产申请之日起不再计算。上述案例中，Q法院于2019年1月23日裁定受理L公司的破产申请，自此，L公司进入破产程序，与L公司有关的附利息债权在2019年1月23日起停止计算利息。鉴于S公司已经按照合同约定履行全部义务，L公司应当依约支付货款，其欠付货款的行为已构成违约，后双方就货款及违约金的支付另行达成协议，所以S公司对L公司享有的债权应依据新的协议计算，具体应为本金50万元及逾期利息，逾期利息按照月利率1.5%计算，以50万元为基数从2019年1月10日计算至2019年1月23日止。

相关法条

《中华人民共和国企业破产法》

第四十四条 人民法院受理破产申请时对债务人享有债权的债权人，依照本法规定的程序行使权利。

第四十六条 未到期的债权，在破产申请受理时视为到期。

附利息的债权自破产申请受理时起停止计息。

第四十七条　附条件、附期限的债权和诉讼、仲裁未决的债权，债权人可以申报。

《最高人民法院关于适用〈中华人民共和国企业破产法〉若干问题的规定（三）》

第三条　破产申请受理后，债务人欠缴款项产生的滞纳金，包括债务人未履行生效法律文书应当加倍支付的迟延利息和劳动保险金的滞纳金，债权人作为破产债权申报的，人民法院不予确认。

三、职工工资债权的申报

我国《劳动合同法》第四十四条将用人单位依法宣告破产作为劳动合同终止的情形之一。切实维护劳动者合法权益，不仅是劳动法的宗旨，也是破产法律制度的重要价值取向。为保障职工的合法利益，我国《企业破产法》采取一系列措施保证破产程序中职工的参与权。

在债权申报方面，由于企业职工人数较多，如果每个职工都要进行债权申报，这对管理人和职工来说都是不小的负担，考虑到职工对债务人的债权种类较为明确统一，并且企业的相关文件资料已经可以明确职工债权，所以与市场交易中产生债权债务关系的债权人不同，企业职工参与破产程序并不以债权申报为前提。根据《企业破产法》的规定，职工对债务人的特定债权，一般由管理人自行调查债务人的劳动合同、人事管理制度及相关清册、财务账册等资料后列出清单进行公示。如果职工对管理人清单上载明的内容有异议的，可以要求管理人更正，管理人不同意更正的，职工可以向受理破产申请的人民法院起诉要求确认债权数额。但是，这并不意味着职工向破产管理人提出异议是其提起民事诉讼的必经程序。需要注意的是，职工的异议并不限于该职工对自己的那部分债权存在异议，如果职工对其他职工的债权有异议的，也可以向管理人提出。

前述不必由职工申报的债权，是指债务人与职工基于劳动关系发生的债权，包括债务人应当支付给职工的工资、医疗费、伤残补助费、抚恤金，应当划入职工个人账户的基本养老保险费、基本医疗保险费以及法律、行政法规规定的应当支付给职工的经济补偿金等费用。如果是因为职工个人借款给企业而产生的债权，则应根据《企业破产法》规定的程序进行债权申报。

案例解析

职工对管理人公示的职工债权清单上记载的内容有异议，应该怎么办？

2019年8月7日，F法院裁定受理K公司的破产清算申请，同日，该法院作出决定书指定B律所为K公司的破产管理人。B律所进厂后，依法定程序编制了《K公司职工债权清单》，并将该清单通过公司公共邮箱发送给了K公司全体员工。除此之外，B律所还将该清单张贴在了公司的通知公告栏，以确保每位员工都知悉此事。张某等人看到职工债权清单后，发现管理人给自己核算的工资有问题，存在漏算加班工资、少算绩效工资、劳动时间计算错误等情况。出现这种情况后，职工应该怎么做才能维护自己的合法权益？管理人应当怎么应对？

我国《企业破产法》第四十八条第二款规定："债务人所欠职工的工资和医疗、伤残补助、抚恤费用，所欠的应当划入职工个人账户的基本养老保险、基本医疗保险费用，以及法律、行政法规规定应当支付给职工的补偿金，不必申报，由管理人调查后列出清单并予以公示。职工对清单记载有异议的，可以要求管理人更正；管理人不予更正的，职工可以向人民法院提起诉讼。"由此可见，就职企业进入破产程序后，管理人会根据债务人的有关资料调查债务人对职工所负的债务并制作清单予以公示，职工不必自行向管理人单独申报债权。如果职工对管理人列出的职工债权清单中所载明的内容存有异议的，可以要求管理人更正，为了使自己的异议和主张更有说服力，异议职工可以提出相应的证据；如果管理人不予更正的，异议职工可以向受理破产申请的人民法院起诉。管理人面对职工的异议时，应当积极应对并对异议内容进行调查核实，确属有误的，应当及时改正；确属无误的，应当向异议职工说明情况。因此，前述案例中，作为 K 公司的职工，如张某等人对职工债权清单有异议，最为便捷的方式是尽快联系 B 律所要求更正。如果管理人不同意更正，张某等人可以通过起诉维护自己的合法权益。

相关法条

《中华人民共和国企业破产法》

第四十八条第二款 债务人所欠职工的工资和医疗、伤残补助、抚恤费用，所欠的应当划入职工个人账户的基本养老保险、基本医疗保险费用，以及法律、行政法规规定应当支付给职工的补偿金，不必申报，由管理人调查后列出清单并予以公示。职工对清单记载有异议的，可以要求管理人更正；管理人不予更正的，职工可以向人民法院提起诉讼。

《中华人民共和国劳动合同法》

第四十四条 有下列情形之一的，劳动合同终止：

……

（四）用人单位被依法宣告破产的；
……

四、债权人申报债权的一般要求

根据我国《企业破产法》的规定，债权人申报债权时，应注意以下三点：

第一，以书面形式申报债权。为尊重司法权威，债权人应严谨、审慎地对待债权申报程序，向管理人申报债权时，应当通过书面形式提出。通过书面形式提出债权申报还有另一个好处，就是能够在发生争议时用作证据使用，使债权申报行为有据可查。债权申报书一般应载明以下内容：其一，债权人的名称（姓名）、住址、联系方式等信息；其二，所申报债权的详细情况，诸如债权债务关系发生的时间、地点、数额、缘由、有无财产担保、清偿期限等内容。

前述内容中，尤为重要的是债权的数额和有无财产担保。尽管债权人不能单方确定债权的实际数额，但债权人的主张对管理人核查债务人财产有着非常重要的作用，所以债权人申报债权时，务必说明债权的数额。破产程序中，债权人的债权有无财产担保涉及债权人的权利实现问题，而且有财产担保的债权与无财产担保的债权在清偿顺序上也存在差异，所以，债权人在申报债权时，说明债权的担保情况同样很重要。

第二，提交相关证据材料。为证明自己主张的债权真实合法有效存在，使破产程序高效进行，债权人申报债权时，应向管理人提交相应的证据材料。该材料既要证明债权的存在，又要证明债权的数额以及担保情况等基本事实。如果所申报债权已经过人民法院、仲裁机构审理的，可以将相关判决书、裁决书、支付令等直接提交给管理人；如果所申报债权未经过诉讼程序或仲裁程序的，可将发生债权债务关系的合同书、债权人履约的证明等资料提交给管理人。

第三，如果申报的是连带债权，应向管理人说明情况。实践中，连带债权债务并不在少数，如果债权人申报的系连带债权，应当向管理人说明此情况。因为连带债权中，数个债权人之间具有连带关系，而每个连带债权人均可就该笔债权向债务人主张权利或接受履行，只要债务人向其中一个债权人清偿了债务，债权债务关系即归于消灭。为了防止连带债权人获得重复清偿，损害其他债权人的利益，债权人申报的是连带债权时，必须说明该笔债权的连带情况。

案例解析

申报债权时，债权人应向管理人提交哪些材料？

2019年5月20日，W公司与R公司签订《番茄采收机使用协议》，约定W公司将其自有的番茄采收机出租给R公司使用，租赁标的物为中型番茄采收机6台，租赁期限为2019年6月1日至2019年9月30日，租金为15万元每台，R公司分别于合同签订之日、租赁标的物交付之日、租赁标的物交还之日支付租金，每次支付30万元。合同签订后，双方均按照合同约定履行了支付部分租金和交付租赁标的物及配套工具箱的义务。但租赁期限届满后，R公司未交还租赁标的物，也未付余下租金。后R公司因资不抵债，无力清偿到期债务被债权人申请破产清算。P法院于2019年10月18日受理该破产申请，并指定M公司为R公司的破产管理人。同月25日，W公司获悉此事，但通知公告上只说要在三个月内向管理人申报债权，却没有说明债权申报的具体要求，W公司应怎么做呢？

我国《企业破产法》第四十九条对债权申报作出了明确要求，根据该条规定，债权人申报债权时，应当书面说明所申报债权的数额和是否存在财产担保、是否为连带债权的情况并提交相应的证明材料。为了使债权申报材料更加符合管理人的要求，W公司进行债权申报之前，可以联系管理人，询问管理人对债权申报是否有特别要求。如无其他特殊要求，W公司申报债权时，应当向管理人M公司提交书面申报材料，包括债权申报书和相应的证明资料。债权申报书中应写明自己的名称和联系方式等信息，以便管理人能够及时联系债权人。正文中，W公司应明确所申报债权的产生、数额、履行期限等内容，并向管理人说明该债权并无财产担保，也非连带债权，以便管理人依法确定自己的权利。就证明材料而言，鉴于W公司与R公司之间成立租赁合同关系，为证明自己的主张，W公司应当向管理人提交《番茄采收机使用协议》以及自己履行合同义务、要求R公司交还租赁标的物和支付租金的证据材料。

相关法条

《中华人民共和国企业破产法》

第四十九条　债权人申报债权时，应当书面说明债权的数额和有无财产担保，并提交有关证据。申报的债权是连带债权的，应当说明。

五、连带债权人、连带债务人的债权申报

相较于普通的债权债务关系，连带之债因其主体特殊性在债权申报过程中也稍显差异。根据我国《民法典》第五百一十八条的规定，债权

人为二人以上,部分或者全部债权人均可以请求债务人履行债务的,为连带债权;债务人为二人以上,债权人可以请求部分或者全部债务人履行全部债务的,为连带债务。

连带之债中,尽管享有连带权利的每个债权人都有权要求债务人清偿债务,但债务人并不需要向每位债权人分别承担责任。为了避免重复清偿,债务人进入破产程序后,各连带债权人一般不能分别就连带之债所涉的全部债权向管理人申报债权,而只能选派一位债权人作为代表向管理人申报债权,也可以作为同一个主体向管理人申报债权。

当债务人为多数时,连带之债中的每个债务人都有义务清偿全部债务。某个连带债务人实际承担债务超过自己份额的,有权就超出部分在其他连带债务人未履行的份额范围内向其追偿,此乃连带债务人的求偿权。

为了保护连带债务人的合法权益,当连带之债中的一位或多位连带债务人进入破产程序后,如果其他连带债务人已经代替债务人向债权人履行了清偿责任的,该连带债务人可以以其对债务人的求偿权申报债权;如果其他债务人未代替债务人向债权人清偿债务的,基于连带之债的特殊性,其他连带债务人承担清偿责任是完全可以预见的,所以连带债务人可以以其对债务人将来的求偿权申报债权,但如果债权人已向管理人申报全部债权的除外,这也是为了避免同一个债权在破产程序中获得重复清偿,损害其他债权人的利益。实践中,"保证"也可以产生类似连带债务的效果,所以保证人的债权申报与连带债务人的债权申报规则一致。

值得注意的是,如果连带之债中的多个债务人都被宣布进入破产程序,其债权人可以就其全部债权在每个破产案件中申报债权。如果保证人进入破产程序的,债权人也可以向保证人的管理人申报债权。尽管此举可能导致债权人最终实现的债权数额大于实际的债权数额,但并不为法律所禁止，如确实有超额清偿的，债权人应当将超过部分返还给债务人或保证人。

> 案例解析

保证人与债务人均进入破产程序，债权人向谁申报债权？

D 公司与 H 公司系关联公司。2018 年 8 月 23 日，D 公司与 Y 银行签订《最高额保证合同》一份，约定由 D 公司为 H 公司在 2018 年 8 月 23 日至 2018 年 9 月 22 日发生的借款等各项债务提供连带责任担保（保证限额为人民币 1000 万元整），并约定保证范围为主债权本金、利息、罚息、复利、违约金、损害赔偿金、汇率损失以及实现债权的费用等，保证期限为两年，自主债务履行期限届满之日起算。合同签订后，Y 银行分多次向 H 公司提供流动资金贷款合计 680 万元整，H 公司一直没有偿还。2019 年 7 月 18 日，A 法院受理 D 公司与 H 公司的破产清算申请，并指定 Z 律所为 D 公司破产管理人，指定 G 律所为 H 公司破产管理人。Y 银行应当向谁申报债权？

Y 银行可以以其对 H 公司的全部债权（含借款本金及利息、罚息等费用）分别向 Z 律所、G 律所申报债权。理由如下：本案涉及主债权和保证债权的申报，根据案情可知，D 公司为 H 公司发生在《最高额保证合同》中的全部债务提供连带责任保证，对此，我国《企业破产法》第五十二条规定："连带债务人数人被裁定适用本法规定的程序的，其债权人有权就全部债权分别在各破产案件中申报债权。"为了明确《企业破产法》第五十二条的法律适用问题，《最高人民法院关于适用〈中华人民共和国企业破产法〉若干问题的规定（三）》第五条进一步明确规定:"债务人、保证人均被裁定进入破产程序的,债权人有权向债务人、保证人分别申报债权。债权人向债务人、保证人均申报全部债权的,从一方破产程序中获得清偿后,其对另一方的债权额不作调整,但债权人的受偿额不得超出其债权总额。保证人履行保证责任后不再享有求偿权。"根据前述规定,债务人和保证人均被裁定进入破产程序的,作为债务人的债权人,既可以在债务人破产一案中申报全部债权,也可以在保证人破产一案中申报全部债权,但是如果债权人均申报了全部债权后,获得的清偿数额高于实际债权总额的,应当返还超出部分。综上所述,Y银行可以向D公司的管理人申报680万元借款本金及相应利息,同时也可以向H公司的管理人申报680万元借款本金及相应利息。

相关法条

《中华人民共和国企业破产法》

第五十条 连带债权人可以由其中一人代表全体连带债权人申报债权,也可以共同申报债权。

第五十一条 债务人的保证人或者其他连带债务人已经代替债务人清偿债务的,以其对债务人的求偿权申报债权。

债务人的保证人或者其他连带债务人尚未代替债务人清偿债务的,以其对债务人的将来求偿权申报债权。但是,债权人已经向管理人申报全部债权的除外。

第五十二条 连带债务人数人被裁定适用本法规定的程序的,其债权人有权就全部债权分别在各破产案件中申报债权。

《最高人民法院关于适用〈中华人民共和国企业破产法〉若干问题

的规定（三）》

第四条 保证人被裁定进入破产程序的，债权人有权申报其对保证人的保证债权。

主债务未到期的，保证债权在保证人破产申请受理时视为到期。一般保证的保证人主张行使先诉抗辩权的，人民法院不予支持，但债权人在一般保证人破产程序中的分配额应予提存，待一般保证人应承担的保证责任确定后再按照破产清偿比例予以分配。

保证人被确定应当承担保证责任的，保证人的管理人可以就保证人实际承担的清偿额向主债务人或其他债务人行使求偿权。

第五条 债务人、保证人均被裁定进入破产程序的，债权人有权向债务人、保证人分别申报债权。

债权人向债务人、保证人均申报全部债权的，从一方破产程序中获得清偿后，其对另一方的债权额不作调整，但债权人的受偿额不得超出其债权总额。保证人履行保证责任后不再享有求偿权。

《中华人民共和国民法典》

第五百一十八条 债权人为二人以上，部分或者全部债权人均可以请求债务人履行债务的，为连带债权；债务人为二人以上，债权人可以请求部分或者全部债务人履行全部债务的，为连带债务。

连带债权或者连带债务，由法律规定或者当事人约定。

第五百一十九条 连带债务人之间的份额难以确定的，视为份额相同。

实际承担债务超过自己份额的连带债务人，有权就超出部分在其他连带债务人未履行的份额范围内向其追偿，并相应地享有债权人的权利，但是不得损害债权人的利益。其他连带债务人对债权人的抗辩，可以向该债务人主张。

被追偿的连带债务人不能履行其应分担份额的，其他连带债务人应当在相应范围内按比例分担。

第五百二十一条第三款 连带债权参照适用本章连带债务的有关规定。

六、因合同解除或终止而导致的债权申报

债务人进入破产程序后，管理人有权选择解除成立于破产申请被受理之前的待履行合同。根据民法基本原理，合同因一方当事人违约解除后，尚未履行的应当终止履行；已经履行的，当事人可以根据履行情况和合同性质，要求对方采取恢复原状或其他补救措施，并提出损害赔偿的权利主张。尽管我国《企业破产法》赋予管理人的是单方法定解除权，但该权利却是因债务人进入破产程序产生，所以管理人以此为由要求解除待履行合同的，也属于可归责于债务人的原因解除合同。简言之，此种方式下解除合同，债务人一方存在过错，应当依法承担损害赔偿等违约责任，交易相对方当然可以主张损害赔偿。国外立法例通常将交易相对方因此产生的损害赔偿请求权作为可申报债权，允许债权人通过债权申报的方式主张权利。

不可忽视的是，根据我国《企业破产法》的规定，可申报债权是在人民法院裁定受理破产申请时已经成立的债权，而管理人解除待履行合同产生的损害赔偿请求权成立于人民法院裁定受理破产申请之后。从逻辑上讲，被解除合同的交易相对方并不能依《企业破产法》第四十四条的规定主张权利。另外，债务人因待履行合同被解除产生的损害赔偿责任也非共益债务。那么，交易相对方的权利保障如何实现呢？为了平衡双方的权利，维护交易安全，我国《企业破产法》借鉴了国外立法例的规定，允许交易相对方基于合同解除产生的损害赔偿请求权向管理人申报债权。

我国《民法典》第九百三十六条规定，委托合同可因一方当事人破产而终止。一般情况下，委托合同终止后，双方当事人的权利义务也依法终止，受托人不必继续处理受托事务，否则将自行承担法律后果，例如，不能再要求对方支付合同终止后处理委托事务产生的报酬等。碍于破产程序的特殊性，当委托人进入破产程序后，在管理人承受委托事务之前，受托人仍应继续处理委托事务，这种情况下，受托人仍有依法主张报酬请求权或其他权利的理由。但是，如果管理人没有及时通知受托人，或者受托人因其他原因不能知悉委托人破产这一事实，而导致其一直根据委托合同的约定处理事务的，又何从保障自己的权利呢？为此，我国《企业破产法》特别规定，如果受托人不知委托人进入破产程序，仍然为其处理委托事务的，受托人的报酬请求权或其他权利不受影响。换言之，即使该权利产生于人民法院受理破产申请之后，受托人也可以向管理人申报债权。

案例解析

受托人不知委托人进入破产程序，仍按约定处理受托事务的，还可以主张这期间的报酬请求权吗？应如何主张？

2015年8月1日，A公司委托E公司对糯米商厦提供招商及资产管理委托服务，双方签订了《招商及资产管理委托合同》。服务事项为利用E公司的商业渠道为A公司提供一站式服务，包括商业研策、项目推广、招商代理、营运管理等；委托期限为5年，自2015年8月1日起至2020年7月31日止，服务费用按月计算，每个月10万元，A公司于每月9日支付至E公司账户。合同签订后，双方均按照合同约定履行义务。2019年4月10日，人民法院受理A公司债权人提出的破产申请，并于同日作出指定管理人决定书，指定 O 公司担任破产管理人。但 E 公司对 A 公司进入破产程序一事并不知情，仍然在处理糯米商厦的运营管理事务，直到一个月后向该公司催收服务费才知道 E 公司已经快破产了。管理人 O 公司告诉 E 公司，由于其与 A 公司的合同未对合同终止事项进行特别约定，该合同在 2019 年 4 月 10 日就已经依法终止。E 公司很担心，难道自己这一个月就白做了吗？还可不可以要求 A 公司支付这个月的服务费呢？

本案涉及委托人进入破产程序后，受托人的权益保护问题。市场交易纷繁复杂，交易当事人不可避免地存在信息不对称的问题，这就导致受托人可能对委托人破产一事根本不知情，从而继续履行合同义务。为保障善意受托人的利益，我国《企业破产法》第五十四条规定："债务人是委托合同的委托人，被裁定适用本法规定的程序，受托人不知该事实，继续处理委托事务的，受托人以由此产生的请求权申报债权。"由此可见，当受托人对委托人破产一事并不知情而继续处理委托事务的，即使相应的报酬发生在委托人进入破产程序之后，也可以主张权利。上述案例中，由于 E 公司对 A 公司进入破产程序一事并不知情，自然也就不知道委托合同已经终止，所以继续按照委托合同的约定处理了糯米商厦的运营管理事务，即使委托合同已经终止，E 公司也享有报酬请求权等权利。根据前述法律的规定，E 公司可以向管理人申报债权。

相关法条

《中华人民共和国民法典》

第五百六十六条第一款　合同解除后，尚未履行的，终止履行；已经履行的，根据履行情况和合同性质，当事人可以请求恢复原状或者采取其他补救措施，并有权请求赔偿损失。

第九百三十五条 因委托人死亡或者被宣告破产、解散，致使委托合同终止将损害委托人利益的，在委托人的继承人、遗产管理人或者清算人承受委托事务之前，受托人应当继续处理委托事务。

第九百三十六条 因受托人死亡、丧失民事行为能力或者被宣告破产、解散，致使委托合同终止的，受托人的继承人、遗产管理人、法定代理人或者清算人应当及时通知委托人。因委托合同终止将损害委托人利益的，在委托人作出善后处理之前，受托人的继承人、遗产管理人、法定代理人或者清算人应当采取必要措施。

《中华人民共和国企业破产法》

第五十三条 管理人或者债务人依照本法规定解除合同的，对方当事人以因合同解除所产生的损害赔偿请求权申报债权。

第五十四条 债务人是委托合同的委托人，被裁定适用本法规定的程序，受托人不知该事实，继续处理委托事务的，受托人以由此产生的请求权申报债权。

七、因票据原因而导致的债权申报

票据是出票人依法签发的约定由自己或者指示付款人在见票时或指定的日期向收款人或持票人无条件支付一定金额的有价证券。我国《票据法》中的票据，是指汇票、本票、支票。根据《票据法》的规定，汇票，是指出票人委托付款人在见票时或者在指定日期无条件支付确定金额给收款人或者持票人的票据；本票，是指出票人自己在见票时无条件支付确定金额给收款人或者持票人的票据；支票是出票人委托办理支票存款业务的银行或者其他金融机构在见票时无条件支付确定金额给收款人或者持票人的票据。票据法律关系中，票据权利人，是指持有票据，依法享有付款请求权和追索权的人，包括持有票据的收款人、被背书人。票据债务人，是指在票据上签章，根据《票据法》的规定和票据上记载的内容承担票据责任的人，票据债务人包括出票人、承兑人、保证人、背书人、付款人。

根据《票据法》的规定，在票据活动中，汇票和支票的出票人并不直接承担付款的责任，只需担保承兑、付款即可。对于付款人而言，尤其在以汇票为标的的票据活动中，付款人一旦承兑汇票，便成为承兑人，需要对汇票债务承担第一位责任或主要责任，除非票据权利因时效届满而归于消灭，该责任不受任何因素的影响，付款人也不能以未接收出票人的资金为由拒绝付款。从破产法的角度思考，如果出票人进入破产程序之前，付款人因承兑或付款对出票人产生的债权当然可以作为破产债权申报，但如果承兑或付款行为发生在出票人进入破产程序之后，是否就会因为不符合《企业破产法》第四十四条的规定而不能作为债权申报呢？其实不然。考虑到票据的流通性和权利人的不特定性以及承兑人和付款人义务的绝对性，我国《企业破产法》专门就票据关系产生的债权的申报作出了规定：当出票人进入破产程序后，票据付款人继续付款或承兑的，付款人以由此产生的请求权向管理人申报债权。

案例解析

出票人进入破产程序后，付款人继续付款的，可否向管理人申报债权？

2018 年 12 月，A 公司向 B 公司支付欠付货款，向 B 公司签发一张出票后两个月付款的银行承兑汇票，出票日期为 2018 年 12 月 28 日，金额为 400 万元，承兑银行为甲银行。后 A 公司向甲银行申请承兑汇票，并向甲银行存入保证金 150 万元，后甲银行同意承兑。2019 年 2 月 28 日，该银行承兑汇票到期，但 A 公司因资金周转不灵迟迟未将余下 250 万元存入甲银行。同年 3 月 15 日，A 公司因资不抵债不能偿还到期债务被人民法院裁定进入破产程序。2019 年 3 月 18 日，B 公司持票据到甲银行并向该银行提示付款，尽管未收到余下资金，甲银行还是依法将相应款项支付给了 B 公司。甲银行可否就此向 A 公司的破产管理人申报债权？

我国《企业破产法》第五十五条规定："债务人是票据的出票人，被裁定适用本法规定的程序，该票据的付款人继续付款或者承兑的，付款人以由此产生的请求权申报债权。"由此可见，如果票据的出票人进入破产程序，该票据的付款人在人民法院受理破产申请之后仍然付款或承兑的，当事人之间因此产生的债权为可申报债权，付款人可以据此向破产管理人申报债权，而不论付款人是否对出票人进入破产程序一事知情。上述案例中，甲银行已经承兑 A 公司出具的汇票，就应当依法承担到期付款的责任。甲银行在 A 公司存入资金不足的情况下仍然付款的行为使其获得了对 A 公司的债权请求权，根据《企业破产法》第五十五条的规定，甲银行可以此为由向 A 公司的管理人申报债权以保障自己的合法权益。

相关法条

《中华人民共和国企业破产法》

第五十五条 债务人是票据的出票人，被裁定适用本法规定的程序，该票据的付款人继续付款或者承兑的，付款人以由此产生的请求权申报债权。

《中华人民共和国票据法》

第十三条　票据债务人不得以自己与出票人或者与持票人的前手之间的抗辩事由，对抗持票人。但是，持票人明知存在抗辩事由而取得票据的除外。

票据债务人可以对不履行约定义务的与自己有直接债权债务关系的持票人，进行抗辩。

本法所称抗辩，是指票据债务人根据本法规定对票据债权人拒绝履行义务的行为。

第十九条　汇票是出票人签发的，委托付款人在见票时或者在指定日期无条件支付确定的金额给收款人或者持票人的票据。

汇票分为银行汇票和商业汇票。

第三十八条　承兑是指汇票付款人承诺在汇票到期日支付汇票金额的票据行为。

第四十四条　付款人承兑汇票后，应当承担到期付款的责任。

第七十三条　本票是出票人签发的，承诺自己在见票时无条件支付确定的金额给收款人或者持票人的票据。

本法所称本票，是指银行本票。

第八十一条　支票是出票人签发的，委托办理支票存款业务的银行或者其他金融机构在见票时无条件支付确定的金额给收款人或者持票人的票据。

八、债权的补充申报与对申报材料的整理、确认等

债权的补充申报,是指如果债权人未在人民法院确定的债权申报期限内申报债权的,可以在破产财产最后分配之前申报债权。根据现行法的规定,破产程序开始后,债权人本应在人民法院确定的债权申报期限内向管理人申报债权,为了防止部分债权人因不知情或其他原因错过债权申报期限从而在破产程序终结后不能得到清偿,妥善保障债权人利益,《企业破产法》对债权的补充申报作出了明确规定,允许未依法申报债权的债权人在破产财产最后分配之前补充申报债权。但是,由于破产程序是一个不可逆的过程,如果债权人进行补充申报时,先前申报的债权人已经就债务人财产展开过分配,对于已经分配的部分,补充申报的债权人不能要求召回重新进行分配,所以在这期间申报债权的,只能参与债务人未分配财产的分配。

法律并不保护躺在权利上睡觉的人,如果债权人怠于行使权利,应当自行承担因此产生的不利后果,该不利后果轻则导致债权人承担多余的费用(主要是指管理人等审查和确认补充申报的债权的费用),重则导致债权人之债权无法参与破产清算程序,不享有参加债权人会议、参加破产财产的分配等《企业破产法》规定的权利。

对申报材料的整理和初步审查是管理人的职责。作为接管债务人财产及其他事务的专门机构,在接收债权人的债权申报后,管理人应当将收到的申报材料登记造册,载明申报人的名称(姓名)、代理人、联系方式、所申报债权数额、担保情况以及申报人提交的证明材料等内容。需要注意的是,收到债权申报材料后,管理人还应对申报材料进行真实性、合法性、有效性审查,例如,该笔债权的性质、债权人申报的数额与实际数额是否一致、财产担保情况是否属实、是否仍在诉讼时效期间

或强制执行期间内，等等。管理人审查之后应当编制债权表，如果管理人对该笔债权有异议的，应当在债权表中注明。为保障利害关系人的知情权，管理人应当妥善保管债权表和债权申报材料，供利害关系人查阅。

为确保债权的真实性，切实保证全体债权人的利益，还应当对债权进行核查与确认。根据现行法及相关司法解释的规定，在第一次债权人会议中，管理人应当将债权表提供给债权人、债务人核查，如果任何一方当事人对任何所申报债权有异议的，可以通过质询、辩驳的方式互查。如果债务人、债权人对债权表记载的债权有异议的，应当说明理由和法律依据，经管理人解释或调整后，异议人应当在债权人会议核查结束后十五日内通过向受理破产申请的人民法院起诉或根据仲裁条款、仲裁协议的约定申请仲裁的方式确认债权债务关系。如果债务人、债权人对债权表记载的债权没有异议的，可以直接由人民法院裁定确认。

案例解析

管理人可以以判决书确定的债权数额有误为由直接不予确认债权吗？

2016年11月24日，G公司以其在Q农信联社享有所有权的股金为P公司提供质押担保，P公司向Z农信联社借款200万元，借期为两年。各方当事人签订了《借款合同》和《质押合同》各一份。签订合同时，G公司当场将股金证交付给Z农信联社。借款到期后，P公司未依约履行还款义务。2018年11月27日，Z农信联社以P公司、G公司为被告向人民法院起诉，受理法院于2019年6月5日作出判决书，判决P公司于判决书生效之日起5日内偿还原告借款本金200万元及利息，G公司对前述款项承担连带清偿责任，Z农信联社对G公司在Q农信联社的股金享有优先受偿权。该判决书生效后，P公司、G公司均未履行相应义务。2019年7月31日，Z农信联社向人民法院申请强制执行，后由于G公司被裁定进入破产程序，强制执行程序被依法中止。Z农信联社得知此事后，依法向G公司管理人申报债权。但不知为何，该笔债权被管理人以债权数额错误为由直接不予确认。管理人的做法是否正确？Z农信联社应如何维护自己的合法权益？

《最高人民法院关于适用〈中华人民共和国企业破产法〉若干问题的规定（三）》第七条规定："已经生效法律文书确定的债权，管理人应当予以确认。管理人认为债权人据以申报债权的生效法律文书确定的债权错误，或者有证据证明债权人与债务人恶意通过诉讼、仲裁或者公证机关赋予强制执行力公证文书的形式虚构债权债务的，应当依法通过审判监督程序向作出该判决、裁定、调解书的人民法院或者上一级人民法院申请撤销生效法律文书，或者向受理破产申请的人民法院申请撤销或者不予执行仲裁裁决、不予执行公证债权文书后，重新确定债权。"整理、审查债权申报材料是管理人的法定职责，为促进破产程序高效顺利进行，切实维护债权人、债务人的利益，管理人应当依法审慎履行职务。根据前述司法解释的规定，对于生效法律文书确定的债权，管理人应当予以确认，直接将其列入债权确认表，因为该笔债权已经经过有权机关的审理，不必再次经过审查确认程序。如果当事人对该笔债权仍有异议，或者管理人认为该生效法律文书确定的债权有误或有其他证据表明该笔债权属于虚构的债权债务的，也应当根据《民事诉讼法》的程序处理，不能在破产程序中径行否定。因此，前述案例中，如果管理人认为Z农信联社提交的生效判决确定的债权数额存在错误，应当通过审判监督程序更正，重新确定债权，而非直接作出不予确认的处理。管理人的做法错误，Z农信联社可以找出相关法律依据和事实向管理人说明情况，要求管理人更正。

相关法条

《中华人民共和国企业破产法》

第五十六条 在人民法院确定的债权申报期限内，债权人未申报债权的，可以在破产财产最后分配前补充申报；但是，此前已进行的分配，不再对其补充分配。为审查和确认补充申报债权的费用，由补充申报人承担。

债权人未依照本法规定申报债权的，不得依照本法规定的程序行使权利。

第五十七条 管理人收到债权申报材料后，应当登记造册，对申报的债权进行审查，并编制债权表。

债权表和债权申报材料由管理人保存，供利害关系人查阅。

第五十八条 依照本法第五十七条规定编制的债权表，应当提交第一次债权人会议核查。

债务人、债权人对债权表记载的债权无异议的，由人民法院裁定确认。

债务人、债权人对债权表记载的债权有异议的，可以向受理破产申请的人民法院提起诉讼。

《最高人民法院关于适用〈中华人民共和国企业破产法〉若干问题的规定（三）》

第六条 管理人应当依照企业破产法第五十七条的规定对所申报的债权进行登记造册，详尽记载申报人的姓名、单位、代理人、申报债权额、担保情况、证据、联系方式等事项，形成债权申报登记册。

管理人应当依照企业破产法第五十七条的规定对债权的性质、数额、担保财产、是否超过诉讼时效期间、是否超过强制执行期间等情况进行审查、编制债权表并提交债权人会议核查。

债权表、债权申报登记册及债权申报材料在破产期间由管理人保管，债权人、债务人、债务人职工及其他利害关系人有权查阅。

第七条 已经生效法律文书确定的债权，管理人应当予以确认。

管理人认为债权人据以申报债权的生效法律文书确定的债权错误，或者有证据证明债权人与债务人恶意通过诉讼、仲裁或者公证机关赋予强制执行力公证文书的形式虚构债权债务的，应当依法通过审判监督程序向作出该判决、裁定、调解书的人民法院或者上一级人民法院申请撤销生效法律文书，或者向受理破产申请的人民法院申请撤销或者不予执行仲裁裁决、不予执行公证债权文书后，重新确定债权。

第八条 债务人、债权人对债权表记载的债权有异议的，应当说明理由和法律依据。经管理人解释或调整后，异议人仍然不服的，或者管理人不予解释或调整的，异议人应当在债权人会议核查结束后十五日内向人民法院提起债权确认的诉讼。当事人之间在破产申请受理前订立有仲裁条款或仲裁协议的，应当向选定的仲裁机构申请确认债权债务关系。

第九条 债务人对债权表记载的债权有异议向人民法院提起诉讼的，应将被异议债权人列为被告。债权人对债权表记载的他人债权有异议的，应将被异议债权人列为被告；债权人对债权表记载的本人债权有异议的，应将债务人列为被告。

对同一笔债权存在多个异议人，其他异议人申请参加诉讼的，应当列为共同原告。

第七章

债权人会议

一、债权人会议的成员及其表决权

债权人会议，是指为保障所有债权人的共同利益，保障其参与破产程序的权利，而依法由申报债权的债权人组成，以讨论决定有关破产的相关事宜，表达自己的意愿，并对债权人行为进行协调的议事机构。根据我国《企业破产法》第五十九条的规定，债权人会议的成员是申报债权的债权人，包括有财产担保的债权人、无财产担保的债权人和代替债务人清偿债务后的保证人。同时，实际参加债权人会议的债权人必须符合下列条件：（1）其债权必须是在法院受理破产案件之前已经成立的；（2）在法定期间内依法进行了申报和登记；（3）其债权人资格已经被人民法院依法审查确认。换言之，没有按照破产程序申报债权的债权人没有参加债权人会议的权利，也不能取得破产程序当事人的地位。

在破产程序中，经依法申报债权的所有债权人，都是债权人会议成员，其可以在债权人会议上发表自己的相关意见，依法享有表决权。例如，选任和更换债权人委员会成员，决定继续或者停止债务人的营业，通过重整计划，通过和解协议，通过债务人财产的管理方案，通过破产财产的变价方案，通过破产财产的分配方案等。

但是，对于债权人会议职权范围内的决议事项，并非所有债权人会议成员都享有表决权。根据我国《企业破产法》第五十九条的规定，下列债权人没有表决权：

（1）债权尚未确定的债权人，除人民法院能够为其行使表决权而临时确定债权额的外，不得行使表决权。

（2）对债务人的特定财产享有担保权的债权人，未放弃优先受偿权利的，对于下列事项，没有表决权：①通过和解协议；②通过破产财产的分配方案。

但是，如果享有担保权或者法定优先权的债权人所享有的债权数额超过担保权或者法定优先权标的的财产价值的，其未受清偿的部分，可以作为普通债权。对此，债权人可以就此部分债权在债权人会议上享有表决权。另外，如果其放弃对特定财产的优先受偿权，则在债权人会议上也享有表决权。

案例解析

对债务人的特定财产享有担保权的债权人，在债权人会议上享有表决权吗？

2019年3月，某服装有限公司因资不抵债向某法院申请破产。人民法院受理其破产申请后，该公司的债权人开始申报债权。同年7月，该公司准备召开第一次债权人会议，并通知了债权人会议的成员。某制衣厂是该服装公司的债权人，对服装公司的某厂房享有抵押权，其对该公司享有优先受偿权。后来在债权人会议上，该制衣厂发现自己没有对于和解协议的表决权，对此提出异议，认为自己既然依法申报了债权，就应当享有表决权。该制衣厂在债权人会议上是否享有表决权？

一般情况下，依法申报债权的债权人作为债权人会议的成员，享有债权人会议的表决权。对此，我国《企业破产法》第五十九条做出了明确规定。但是，该条同时规定，对债务人的特定财产享有担保权的债权人，未放弃优先受偿权利的，对于债权人会议上的和解协议的事项不享有表决权。故在本案中，制衣厂作为享有担保权的债权人，其自从人民法院裁定认可和解协议之日起行使其对特定财产的担保权即可，和解协议并不会对其产生影响。因此，制衣厂对于和解协议事项并没有表决权。

相关法条

《中华人民共和国企业破产法》

第五十九条 依法申报债权的债权人为债权人会议的成员，有权参加债权人会议，享有表决权。

债权尚未确定的债权人，除人民法院能够为其行使表决权而临时确定债权额的外，不得行使表决权。

对债务人的特定财产享有担保权的债权人，未放弃优先受偿权利的，对于本法第六十一条第一款第七项、第十项规定的事项不享有表决权。

债权人可以委托代理人出席债权人会议，行使表决权。代理人出席债权人会议，应当向人民法院或者债权人会议主席提交债权人的授权委托书。

债权人会议应当有债务人的职工和工会的代表参加，对有关事项发表意见。

第六十一条第一款 债权人会议行使下列职权：

……

（七）通过和解协议；

……

（十）通过破产财产的分配方案；

……

二、债权人会议主席及其职责

债权人会议主席，是指在第一次债权人会议召开时，由人民法院从有表决权的债权人中指定负责主持和召集债权人会议的人。债权人会议主席的职责主要包括：

（1）召集债权人会议。根据我国《企业破产法》第六十二条的规定，第一次债权人会议由人民法院召集，以后的债权人会议，在人民法院认为必要时，或者管理人、债权人委员会、占债权总额四分之一以上的债权人向债权人会议主席提议时召开。

（2）宣布会议开始，并说明会议的主题，告知与会人员遵守纪律。

（3）主持债权人会议，维持会场纪律。主持会议的讨论事项，保障会议按照议程有序进行。

（4）决定会议议程。决定会议表决事项的开始和结束，延长会议的期限，决定下次会议的议程和议题等内容。

（5）完成债权人会议的内容，对债权人、债务人进行询问。

（6）宣布表决结果，进行会议总结，在会议结束时宣告闭会。

关于债权人会议主席是否可以辞任以及在何种情况下可以辞去会议主席职务或者是否可以由债权人会议另行改选，目前我国法律并未做出规定。根据学理上的解释，债权人会议在主席无法胜任其职务时可以另行选举主席，并且主席也享有辞任权。但是，重新选举的会议主席必须得到人民法院的认可。我国现行法律既没有规定债权人对债权人会议主席的选任权和异议权，也未规定债权人委员会对会议主席的监督权，这不利于充分发挥债权人会议主席的自主权和参与权，不利于提高其参与债权人会议的主动性。尤其是在债权人会议主席出现失职或者违法行为时，法律没有为债权人提供相应的救济途径。

第七章 债权人会议

案例解析

债权人会议主席应由人民法院指定,还是应由债权人会议成员选举?

2019年2月,某食品公司因明显丧失清偿能力而向法院申请破产,之后法院依法受理了该企业的破产申请。同年6月,人民法院向申报债权的债权人发出通知,准备召开第一次债权人会议,届时也会在有表决权的债权人中指定债权人会议主席。在第一次债权人会议召开时,有的债权人提出异议,认为债权人会议主席不能由人民法院指定,而应该由所有的债权人进行投票选举。对此,各个债权人分别提出自己的意见。债权人会议主席应由人民法院指定,还是应由债权人会议成员选举?

债权人会议主席应该由人民法院进行指定,而不能由债权人会议进行选举。对此,我国《企业破产法》第六十条明确规定,债权人会议设主席一人,由人民法院从有表决权的债权人中指定。据此可知,债权人会议主席是由人民法院指定的。但是人民法院必须要从有表决权的债权人中指定,而不能指定没有表决权的债权人,如对特定财产享有担保权的债权人作为债权人会议主席。本案中,某食品公司在申请破产后,人民法院在有表决权的债权人中指定债权人会议主席的做法是符合法律规定的,部分债权人提议由所有债权人投票选举会议主席的做法是错误的。

相关法条

《中华人民共和国企业破产法》

第六十条 债权人会议设主席一人,由人民法院从有表决权的债权人中指定。

债权人会议主席主持债权人会议。

第六十二条 第一次债权人会议由人民法院召集,自债权申报期限届满之日起十五日内召开。

以后的债权人会议,在人民法院认为必要时,或者管理人、债权人委员会、占债权总额四分之一以上的债权人向债权人会议主席提议时召开。

三、债权人会议的职权

根据我国《企业破产法》第六十一条的规定,债权人会议行使以下职权:

(1)核查债权。在债权人会议上,债权人关于债权的所有证明材料都要向全体债权人出示,以供其查阅。其他债权人可以针对某项债权是否成立、是否合法、债权的数额大小、发生时间、有无财产担保等相关信息询问债权人,也可以对此提出异议。如果无人对已经申报的债权提出异议,则法院可以根据已有的证明材料确定债权。

(2)申请人民法院更换管理人,审查管理人的费用和报酬。根据我国《企业破产法》第二十二条的规定,管理人由人民法院指定。债权人会议认为管理人不能依法、公正执行职务或者有其他不能胜任职务情形的,可以申请人民法院予以更换。指定管理人和确定管理人报酬的办法,由最高人民法院规定。同时,根据该法第四十一条的规定,管理人执行职务的费用、报酬和聘用工作人员的费用为破产费用,而破产费用可随时进行清偿。支付破产费用则意味着要减少债权人的清偿收入,故债权人有权监督破产费用的支付,避免因不当支付而损害其自身的合法权益。

(3)监督管理人。根据我国《企业破产法》第二十三条的规定,管理人依照本法规定执行职务，向人民法院报告工作，并接受债权人会议和债权人委员会的监督。管理人应当列席债权人会议，向债权人会议报告职务执行情况，并回答询问。此外，如果债权人会议认为管理人的行为损害了债权人的利益，其可以请求人民法院撤销管理人的行为。

（4）选任和更换债权人委员会成员。根据我国《企业破产法》第六十七条的规定，债权人会议可以决定设立债权人委员会。债权人委员会由债权人会议选任的债权人代表和一名债务人的职工代表或者工会代表组成。债权人委员会成员不得超过九人。债权人委员会成员应当经人民法院书面决定认可。故债权人会议有权选任和更换债权人委员会成员。

（5）决定继续或者停止债务人的营业。在破产程序开始后，债务人如果营业，则会发生经济往来，此时就会导致其进行债务清偿的全部财产发生变动，而这些财产可能增加，也可能减少，进而影响债权人的受偿程序。所以，债务人继续或停止营业，应当由债权人会议行使决定权。如果债权人会议认为债务人继续营业能够增加可供分配的破产财产，有利于其债权的清偿，则可以决定债务人继续营业；反之，如果其认为继续营业会损害债务人的财产，则可以决定债务人停止营业。

（6）通过重整计划。根据我国《企业破产法》的规定，债务人或者管理人应当自人民法院裁定债务人重整之日起六个月至九个月内，同时向人民法院和债权人会议提交重整计划草案。人民法院应当自收到重整计划草案之日起三十日内召开债权人会议，对重整计划草案进行表决。出席会议的同一表决组的债权人过半数同意重整计划草案，并且其所代表的债权额占该组债权总额的三分之二以上的，即为该组通过重整计划草案。债务人或者管理人应当向债权人会议就重整计划草案作出说明，并回答询问。

（7）通过和解协议。和解协议通常是在债权人作出让步的基础上达成的，如债权人作出的免除部分债务、延长偿还期限等处分行为，但是，这些让步必须由权利人自己决定。而由于破产程序是对所有债权人进行清偿的程序，故债权人的这些处分行为也必须通过所有债权人的集体行为实施。所以，只有经债权人会议通过并且经法院认可的和解协议才能生效。

（8）通过债务人财产的管理方案。在破产程序开始后，债务人的全部财产是债权人受偿的基础，故对债务人财产的管理与每位债权人的利益息息相关。对债务人破产财产的管理，不但应减少其不当损失，还应该尽可能地实现债务人财产的增值，以保障债权人的利益。因此，债权人会议有权通过债务人财产的管理方案，以保障其自身的合法权益。

（9）通过破产财产的变价方案。破产财产的变价方案，是指破产管理人应当就变价处理的财产范围、变价时间、方法、地点等相关事项，拟出方案，由债权人会议进行讨论，并表决是否通过。由于破产财产的变价关系到债权人的利益，所以，其变价方案是否通过应该由债权人会议决定。

（10）通过破产财产的分配方案。破产财产的分配，是指根据各债权人的受偿顺序和受偿比例将破产财产在各债权人之间进行分配的程序。破产财产分配是否公平关系到每个债权人的切身利益，所以，破产财产的分配方案必须经过债权人会议的讨论，由债权人会议决定是否通过，以保障债权人自身的合法利益。

（11）人民法院认为应当由债权人会议行使的其他职权。除前述职权外，如果人民法院认为有必要，还可以赋予债权人会议行使其他方面的职权。

第七章 债权人会议

案例解析

债权人会议是否有决定债务人继续营业的职权？

某商贸有限公司因资金链断裂，资不抵债，于2019年1月向人民法院申请破产，法院在受理其破产申请之后，于同年8月组织召开了第一次债权人会议，确定了债权人会议的成员。后来，由于管理人提出该企业应该继续营业，故准备提交债权人会议进行讨论决定。但是，在通知债权人会议成员之后，有的债权人认为，是否继续营业应该由破产管理人决定，而无须债权人会议讨论，并且认为这样非常麻烦，故不同意在债权人会议上讨论此议题。债权人会议是否有决定债务人继续营业的职权？

我国《企业破产法》第六十一条明确规定了债权人会议的十一项职权，包括：核查债权；申请人民法院更换管理人，审查管理人的费用和报酬；监督管理人；选任和更换债权人委员会成员；决定继续或者停止债务人的营业；通过重整计划；通过和解协议；通过债务人财产的管理方案；通过破产财产的变价方案；通过破产财产的分配方案，以及人民法院认为应当由债权人会议行使的其他职权。由此可见，决定继续债务人的营业是债权人会议的职权。故本案中，关于债务人某商贸有限公司是否继续营业应该由债权人会议讨论决定，而不能由破产管理人决定。

相关法条

《中华人民共和国企业破产法》

第六十一条 债权人会议行使下列职权：

（一）核查债权；

（二）申请人民法院更换管理人，审查管理人的费用和报酬；

（三）监督管理人；

（四）选任和更换债权人委员会成员；

（五）决定继续或者停止债务人的营业；

（六）通过重整计划；

（七）通过和解协议；

（八）通过债务人财产的管理方案；

（九）通过破产财产的变价方案；

（十）通过破产财产的分配方案；

（十一）人民法院认为应当由债权人会议行使的其他职权。

债权人会议应当对所议事项的决议作成会议记录。

四、债权人会议的召开

1. 第一次债权人会议的召开

（1）第一次债权人会议召开的时间。根据我国《企业破产法》的规定，第一次债权人会议应当自债权申报期限届满之日起十五日内召开。在人民法院裁定受理破产申请发出的通知和公告中，应载明第一次债权人会议召开的时间、地点，以告知债权人。

（2）第一次债权人会议的讨论事项。第一次债权人会议由人民法院召集。关于第一次债权人会议的讨论事项，我国法律没有做出明确规定。一般情况下，在第一次债权人会议上就下列事项进行讨论：

①向债权人会议的成员报告债务人的生产经营状况，财产、债务情况以及债权的申报和审查情况；

②向债权人会议成员宣布债权人会议的职权以及其他相关事项；

③决定是否选任债权人委员会，如果决定选任的，可以在此次会议上选任债权人委员会成员；

④决定是否接受和解协议，如果债务人的和解申请被法院裁定认可，债务人在第一次债权人会议上提出了和解协议草案的，应在此次会议上进行表决。

2. 必要时债权人会议的召开

第一次债权人会议不可能解决所有问题，对于未解决的问题和产生的新问题，应该在以后的债权人会议上解决。根据我国《企业破产法》第六十二条第二款的规定，在第一次债权人会议召开后，以后的债权人会议，应该在下列情况下召开：（1）在人民法院认为必要时召开；（2）管理人、债权人委员会、占债权总额四分之一以上的债权人向债权人会议主席提议时召开。

此外，在召开债权人会议时，管理人应该提前十五日通知已知的债权人。

案例解析

在第一次债权人会议召开后，以后的债权人会议是否可以由破产管理人提议召开？

某箱包有限公司因资不抵债而向人民法院申请破产，在法院受理其破产申请之后，准备于2019年1月召开第一次债权人会议。在第一次债权人会议召开后，由于管理人提出了财产变价的方案，因此需要召开第二次债权人会议。于是，破产管理人向债权人会议主席提议在2019年8月再次召开债权人会议。对此，有的债权人成员在收到会议通知后，提出异议，认为管理人不能提议召开债权人会议，只有人民法院和债权人才能提议召开。在第一次债权人会议召开后，以后的债权人会议是否可以由破产管理人提议召开？

我国《企业破产法》第六十二条规定，第一次债权人会议由人民法院召集，自债权申报期限届满之日起十五日内召开。以后的债权人会议，在人民法院认为必要时，或者管理人、债权人委员会、占债权总额四分之一以上的债权人向债权人会议主席提议时召开。据此可知，破产管理人在认为有涉及债权人利益的重大事项，需要召开债权人会议的，其可以向债权人会议主席提议召开。本案中，管理人所提出的破产财产变价方案，关系到债权人的切身利益，根据法律规定，破产管理人是需要向债权人会议主席提议召开债权人会议的。

相关法条

《中华人民共和国企业破产法》

第六十二条 第一次债权人会议由人民法院召集，自债权申报期限届满之日起十五日内召开。

以后的债权人会议，在人民法院认为必要时，或者管理人、债权人委员会、占债权总额四分之一以上的债权人向债权人会议主席提议时召开。

第六十三条 召开债权人会议，管理人应当提前十五日通知已知的债权人。

五、债权人会议的决议

1. 债权人会议决议生效的条件

债权人会议的决议,是指债权人会议在其职权范围内对会议议题进行讨论,由出席会议的占一定比例的有表决权的债权人通过,所形成的代表所有债权人共同意思的决定。同时,债权人会议的决议必须符合法定条件,才能产生法律效力:(1)债权人会议决议的内容必须在其职权范围内;(2)债权人会议的决议必须要由有表决权的债权人进行表决,未经表决或者表决程序不合法,不能形成决议;(3)决议的不同事项,必须符合法律规定的比例。债权人会议表决的事项根据其内容不同,分为一般决议的表决和特殊决议的表决。根据我国《企业破产法》的规定,一般决议的表决,由出席会议的有表决权的债权人过半数通过,并且其所代表的债权额占无财产担保债权总额的二分之一以上。特殊决议的表决,如根据该法第九十七条的规定,债权人会议通过和解协议的决议,由出席会议的有表决权的债权人过半数同意,并且其所代表的债权额占无财产担保债权总额的三分之二以上。另外,重整计划的表决是分组表决,根据该法第八十四条和第八十六条的规定,出席会议的同一表决组的债权人过半数同意重整计划草案,并且其所代表的债权额占该组债权总额的三分之二以上的,即为该组通过重整计划草案。各表决组均通过重整计划草案时,重整计划即为通过。

对于债务人财产的管理方案、破产财产的变价方案,以及经债权人会议二次表决仍未通过的破产财产的分配方案,由人民法院裁定。人民法院在作出裁定后,可以在债权人会议上宣布或者另行通知债权人。

2. 债权人会议决议的撤销

根据我国《企业破产法》第六十四条第二款的规定,债权人认为债权人会议的决议违反法律规定，损害其利益的，可以自债权人会议作出决议之日起十五日内，请求人民法院裁定撤销该决议，责令债权人会议依法重新作出决议。同时，根据《最高人民法院关于适用〈中华人民共和国企业破产法〉若干问题的规定（三）》第十二条的规定，债权人会议的决议具有以下情形之一，损害债权人利益，债权人申请撤销的，人民法院应予支持：（1）债权人会议的召开违反法定程序；（2）债权人会议的表决违反法定程序；（3）债权人会议的决议内容违法；（4）债权人会议的决议超出债权人会议的职权范围。也就是说，在债权人会议的决议存在上述任何一种情形时，人民法院可以裁定撤销全部或者部分事项决议，责令债权人会议依法重新作出决议。债权人申请撤销债权人会议决议的，应当提出书面申请。债权人会议采取通信、网络投票等非现场方式进行表决的，债权人申请撤销的期限自债权人收到通知之日起算。

案例解析

债权人会议的决议违反法定程序，债权人应该怎么办？

2019年2月，某电子配件厂向人民法院申请破产。同年4月，人民法院受理了该申请，并指定了破产管理人。第一次债权人会议召开之后，破产管理人根据债务人的相关情况，制定了债务人财产的变价方案。为此，破产管理人向债权人会议主席提议召开债权人会议，讨论破产财产的变价方案是否通过。在此次债权人会议上，出席会议的债权人表决通过了破产财产变价方案。在债权人会议决议之后，有的债权人对此提出异议，认为此次债权人会议决议的程序违法，称虽然出席会议的债权人过半数，但是其所代表的债权额并未达到债权总额的二分之一。债权人会议决议的程序违法，债权人应该怎么办？

债权人会议的决议必须符合法律规定，才能产生法律效力。根据我国《企业破产法》第六十四条的规定，一般的决议事项，必须由出席会议的有表决权的债权人过半数通过，并且其所代表的债权额占无财产担保债权总额的二分之一以上。如果债权人认为债权人会议的决议违反法律规定，损害其利益的，可以自债权人会议作出决议之日起十五日内，请求人民法院裁定撤销该决议，责令债权人会议依法重新作出决议。同时，根据《最高人民法院关于适用〈中华人民共和国企业破产法〉若干问题的规定（三）》第十二条的规定，债权人会议的决议违反法定程序，损害债权人利益，债权人申请撤销的，人民法院应予支持。本案中，债权人会议的表决事项即破产财产变价方案，属于一般表决事项，因此除出席会议的有表决权的债权人过半数通过外，其所代表的债权额也需占到无财产担保债权总额的二分之一以上。故债权人会议通过此项决议的程序是违法的。债权人可以向法院申请撤销此项决议，责令债权人会议重新对财产变价方案作出新的决议。

相关法条

《中华人民共和国企业破产法》

第六十四条 债权人会议的决议，由出席会议的有表决权的债权人过半数通过，并且其所代表的债权额占无财产担保债权总额的二分之一以上。但是，本法另有规定的除外。

债权人认为债权人会议的决议违反法律规定，损害其利益的，可以自债权人会议作出决议之日起十五日内，请求人民法院裁定撤销该决议，责令债权人会议依法重新作出决议。

债权人会议的决议，对于全体债权人均有约束力。

第六十五条　本法第六十一条第一款第八项、第九项所列事项，经债权人会议表决未通过的，由人民法院裁定。

本法第六十一条第一款第十项所列事项，经债权人会议二次表决仍未通过的，由人民法院裁定。

对前两款规定的裁定，人民法院可以在债权人会议上宣布或者另行通知债权人。

《最高人民法院关于适用〈中华人民共和国企业破产法〉若干问题的规定（三）》

第十二条　债权人会议的决议具有以下情形之一，损害债权人利益，债权人申请撤销的，人民法院应予支持：

（一）债权人会议的召开违反法定程序；

（二）债权人会议的表决违反法定程序；

（三）债权人会议的决议内容违法；

（四）债权人会议的决议超出债权人会议的职权范围。

人民法院可以裁定撤销全部或者部分事项决议，责令债权人会议依法重新作出决议。

债权人申请撤销债权人会议决议的，应当提出书面申请。债权人会议采取通信、网络投票等非现场方式进行表决的，债权人申请撤销的期限自债权人收到通知之日起算。

六、债权人的复议权

债权人的复议权，是指债权人对人民法院依照法律对某些债权人会议未作出决议的事项所作出的裁定不服，在法定期限内向人民法院申请复议的权利。

第七章 债权人会议

我国《企业破产法》第六十六条明确规定了债权人对人民法院作出的相关裁定的复议权。但是，债权人并非对所有的裁定都享有此种权利。根据该法的规定，债权人只对下列人民法院的裁定享有复议权：（1）经债权人会议表决未通过，而由人民法院裁定的债务人财产的管理方案、破产财产的变价方案；（2）债权额占无财产担保债权总额二分之一以上的债权人，对经债权人会议二次表决仍未通过，而由人民法院裁定的破产财产的分配方案。

债权人对人民法院作出的裁定不服的，可以自裁定宣布之日或者收到通知之日起十五日内向该人民法院申请复议。但是，复议期间不停止裁定的执行。如果裁定在债权人会议上宣布，则时间从裁定宣布之日起算；如果裁定是另行通知债权人的，则自债权人收到通知之日起算。对此，债权人应注意行使复议权的期限，避免因超过期限而导致失权。

案例解析

债权人行使复议权是否有期限限制？

2019年3月，某游戏开发公司因明显丧失清偿能力而向人民法院申请破产。人民法院在受理其破产申请后，指定了破产管理人。同年6月，破产管理人制定了债务人财产的管理方案，在第二次召开债权人会议时，出席会议的债权人对该方案进行表决。但是，由于赞成该方案的有表决权的债权人不到一半，故该方案未通过。之后，人民法院对此方案作出裁决，裁定该方案通过，破产财产按照此方案进行管理，并通知了各债权人。有的债权人提出异议，并向法院申请复议。该债权人应该在多长时间内行使复议权？

我国《企业破产法》第六十六条明确规定，债权人对人民法院作出的裁定不服的，可以自裁定宣布之日或者收到通知之日起十五日内向该人民法院申请复议。据此可知，在本案中，债权人行使复议权的期限应该视其收到通知的日期而定。如果裁定是人民法院在债权人会议上宣布的，则应从裁定宣布之日起十五日内行使复议权；如果裁定是人民法院另行通知债权人的，则债权人自收到通知之日起十五日内行使此权利。

相关法条

《中华人民共和国企业破产法》

第六十一条第一款 债权人会议行使下列职权：

……

（八）通过债务人财产的管理方案；

（九）通过破产财产的变价方案；

（十）通过破产财产的分配方案；

……

第六十五条 本法第六十一条第一款第八项、第九项所列事项，经债权人会议表决未通过的，由人民法院裁定。

本法第六十一条第一款第十项所列事项，经债权人会议二次表决仍未通过的，由人民法院裁定。

对前两款规定的裁定，人民法院可以在债权人会议上宣布或者另行通知债权人。

第六十六条 债权人对人民法院依照本法第六十五条第一款作出的裁定不服的，债权额占无财产担保债权总额二分之一以上的债权人对人民法院依照本法第六十五条第二款作出的裁定不服的，可以自裁定宣布之日或者收到通知之日起十五日内向该人民法院申请复议。复议期间不停止裁定的执行。

七、债权人委员会的组成

债权人委员会是企业破产期间的一种临时组织，其根据全体债权人的意愿，在债权人会议闭会期间代表债权人会议监督管理人的行为，保障破产程序公正、合法进行，并决定处理破产程序中的有关事项的监督机构。

根据我国《企业破产法》的规定，债权人会议可以决定设立债权人委员会。可见，债权人委员会并非法定的必设机构，根据实际需要，是否设立债权人委员会由债权人会议决定。实践中，设立债权人委员会一般要考虑债务人的破产财产的数额大小，债权人人数的多少，破产财产的管理、估价、变卖等情况的复杂程度等。对于那些破产财产数额较小、债权人数量较少的简单破产案件，其可以不设债权人委员会。

债权人委员会的成员要求：（1）成员组成的限制。债权人委员会必须由下列两类人员组成：①债权人代表；②一名债务人的职工代表或者工会代表。（2）人数限制。债权人委员会的成员不得超过九人。（3）程序限制。债权人委员会成员应当经人民法院书面决定认可。

案例解析

债权人委员会由哪些成员组成？

2018年12月，某房地产股份有限公司因资不抵债向人民法院申请破产，人民法院受理其破产申请之后，于2019年3月组织召开了第一次债权人会议。在第一次债权人会议上，由于该公司的破产财产数额较大，债权人数量较多，为了保障破产程序顺利进行，债权人会议讨论决定设立债权人委员会，同时选举产生了债权人委员会的成员。但是，在债权人会议结束后，有的债权人提出异议，认为该债权人委员会成员中只有职工代表，没有工会代表。该债权人所提出的异议是否成立？

债权人委员会是破产程序的监督人，故对于其成员组成，我国《企业破产法》第六十七条明确规定，债权人委员会由债权人会议选任的债权人代表和一名债务人的职工代表或者工会代表组成。据此可知，债权人委员会中只需有一名债务人的职工代表或者工会代表即可，这是为了保障债务人的职工的合法权益。在本案中，债权人会议选举产生的债权人委员会有债权人代表和职工代表，这是符合法律规定的。故该债权人所提出的异议并不符合法律规定，是不能成立的。

相关法条

《中华人民共和国企业破产法》

第六十七条　债权人会议可以决定设立债权人委员会。债权人委员会由债权人会议选任的债权人代表和一名债务人的职工代表或者工会代表组成。债权人委员会成员不得超过九人。

债权人委员会成员应当经人民法院书面决定认可。

八、债权人委员会的职权

我国《企业破产法》第六十八条规定，债权人委员会有下列职权：

（1）监督债务人财产的管理和处分。债权人委员会对债务人财产的管理和处分的监督，主要体现在：①其可以查阅债务人有关财产的账簿、文件；②在有疑问时询问债务人；③要求管理人报告债务人财产的状况等。管理人处分债务人重大财产的，在实施处分前，应当提前十日书面报告债权人委员会或者人民法院。债权人委员会可以要求管理人对处分行为作出相应说明或者提供有关文件依据。债权人委员会认为管理人实施的处分行为不符合债权人会议通过的财产管理或变价方案的，有权要求管理人纠正。管理人拒绝纠正的，债权人委员会可以请求人民法院作出决定。

（2）监督破产财产分配。破产财产的分配关系到每一个债权人的切身利益，其在破产程序中处于关键阶段，因此赋予债权人委员会监督破产财产分配的职权是至关重要的，以保障每位债权人的合法权益，在清偿过程中体现公平。

（3）提议召开债权人会议。由于债权人委员会是监督机构，其需要保障债权人的利益，故在出现需要对重大事项进行决议时，为保障破产程序的顺利进行，债权人委员会可以向债权人会议主席提议召开债权人会议，以发挥其本身的职能。

（4）债权人会议委托的其他职权。债权人会议可以委托债权人委员会行使债权人会议的下列职权：①申请人民法院更换管理人，审查管理人的费用和报酬；②监督管理人；③决定继续或者停止债务人的营业。但是，债权人会议不得作出概括性授权，委托其行使债权人会议所有职权。

债权人委员会执行职务时，有权要求管理人、债务人的有关人员对其职权范围内的事务作出说明或者提供有关文件。管理人、债务人的有关人员违反《企业破产法》规定拒绝接受监督的，债权人委员会有权就监督事项请求人民法院作出决定；人民法院应当在五日内作出决定。

债权人委员会决定所议事项应获得全体成员过半数通过，并作成议事记录。债权人委员会成员对所议事项的决议有不同意见的，应当在记录中载明。此外，债权人委员会行使职权应当接受债权人会议的监督，以适当的方式向债权人会议及时汇报工作，并接受人民法院的指导。

案例解析

债权人会议可以委托债权人委员会行使其所有职权吗？

某珠宝有限公司因资金链断裂，生产经营出现困难，资不抵债。2019年4月，该公司向法院申请破产。同年5月，人民法院受理了该公司的申请。后来，人民法院组织召开了第一次债权人会议，在会议上讨论成立了债权人委员会。由于该公司的财产数额较大，债权人比较多，故需要经常召开债权人会议讨论相关事宜。为此，在某次债权人会议上，有的债权人提出，为了提高效率，将债权人会议的所有职权委托给债权人委员会行使。债权人会议可以委托债权人委员会行使其所有职权吗？

债权人会议不能将其所有职权委托给债权人委员会行使。对此，我国《企业破产法》第六十八条规定，债权人会议可以委托债权人委员会行使其部分职权。同时，《最高人民法院关于适用〈中华人民共和国企业破产法〉若干问题的规定（三）》第十三条规定，债权人会议可以委托债权人委员会行使申请人民法院更换管理人，审查管理人的费用和报酬，监督管理人，决定继续或者停止债务人的营业等职权。但是，债权人会议不得作出概括性授权，委托其行使债权人会议所有职权。因此，在本案中，债权人会议是不能委托债权人委员会行使其所有职权的。

相关法条

《中华人民共和国企业破产法》

第六十八条　债权人委员会行使下列职权：

（一）监督债务人财产的管理和处分；

（二）监督破产财产分配；

（三）提议召开债权人会议；

（四）债权人会议委托的其他职权。

债权人委员会执行职务时，有权要求管理人、债务人的有关人员对其职权范围内的事务作出说明或者提供有关文件。

管理人、债务人的有关人员违反本法规定拒绝接受监督的，债权人委员会有权就监督事项请求人民法院作出决定；人民法院应当在五日内作出决定。

《最高人民法院关于适用〈中华人民共和国企业破产法〉若干问题的规定（三）》

第十三条　债权人会议可以依照企业破产法第六十八条第一款第四项的规定，委托债权人委员会行使企业破产法第六十一条第一款第二、三、五项规定的债权人会议职权。债权人会议不得作出概括性授权，委托其行使债权人会议所有职权。

第十四条　债权人委员会决定所议事项应获得全体成员过半数通过，并作成议事记录。债权人委员会成员对所议事项的决议有不同意见的，应当在记录中载明。

债权人委员会行使职权应当接受债权人会议的监督，以适当的方式向债权人会议及时汇报工作,并接受人民法院的指导。

第十五条 管理人处分企业破产法第六十九条规定的债务人重大财产的,应当事先制作财产管理或者变价方案并提交债权人会议进行表决,债权人会议表决未通过的,管理人不得处分。

管理人实施处分前,应当根据企业破产法第六十九条的规定,提前十日书面报告债权人委员会或者人民法院。债权人委员会可以依照企业破产法第六十八条第二款的规定,要求管理人对处分行为作出相应说明或者提供有关文件依据。

债权人委员会认为管理人实施的处分行为不符合债权人会议通过的财产管理或变价方案的,有权要求管理人纠正。管理人拒绝纠正的,债权人委员会可以请求人民法院作出决定。

人民法院认为管理人实施的处分行为不符合债权人会议通过的财产管理或变价方案的,应当责令管理人停止处分行为。管理人应当予以纠正,或者提交债权人会议重新表决通过后实施。

九、管理人对债权人委员会的报告义务

根据我国《企业破产法》的规定,管理人在实施下列行为时,应当及时向债权人委员会报告:

(1)涉及土地、房屋等不动产权益的转让。由于不动产的价值较大,其转让会对债务人的财产变化产生较大影响,故需要债权人委员会的监督,以保障债权人的合法权益。

(2)探矿权、采矿权、知识产权等财产权的转让。探矿权、采矿权、知识产权等财产的价值较大,这些权利的转让会对债务人的财产变化产生影响,故为保护债权人的利益,管理人在转让这些财产时应该向

债权人委员会报告。

（3）全部库存或者营业的转让。全部库存或者营业的转让会对债务人的财产状况产生重大影响，因此管理人应该履行其报告义务，接受债权人委员会的监督。

（4）借款。借款行为存在一定的风险，并且会导致债务人可支配的资金在一定期限内减少，故管理人需要报告债权人委员会。

（5）设定财产担保。以债务人的财产为债权人提供担保，在债务人不履行债务时，债权人可以对此享有优先受偿权，此变化会影响其他债权人的利益，故管理人应当及时向债权人委员会报告。

（6）债权和有价证券的转让。有价证券包括票据、股票、债券、提单等。债权的转让，是指在不改变债的关系的内容的基础上，将债权转移给第三人的行为。债权和有价证券的转让也会对债务人的财产产生较大影响，故管理人需要向债权人委员会报告。

（7）履行债务人和对方当事人均未履行完毕的合同。管理人履行债务人和对方都未履行完毕的合同，会增加或者减少债务人的财产，所以应向债权人委员会报告。

（8）放弃权利。管理人放弃权利可能导致债务人的财产减少，进而影响其清偿能力，这直接关系到债权人的切身利益，故需要向债权人委员会报告。

（9）担保物的取回。《最高人民法院关于适用〈中华人民共和国企业破产法〉若干问题的规定（二）》第二十五条明确规定，管理人拟通过清偿债务或者提供担保取回质物、留置物，或者与质权人、留置权人协议以质物、留置物折价清偿债务等方式，进行对债权人利益有重大影响的财产处分行为的，应当及时报告债权人委员会。

（10）对债权人利益有重大影响的其他财产处分行为。

此外，未设立债权人委员会的，管理人实施上述行为应当及时报告人民法院。

案例解析

管理人履行债务人未履行完毕的合同是否需要向债权人委员会报告？

某生产婚纱礼服的企业因资不抵债而向法院申请破产，法院在受理其破产申请之后，指定了破产管理人，并在第一次债权人会议上，成立了债权人委员会。管理人在接手该公司之后，根据债务人的状况制定了相关方案。2019年6月，管理人发现该公司还有一份婚纱买卖合同未履行完毕，继续履行该合同有利于增加债务人的财产。因此，管理人在没有向债权人委员会报告的情况下，擅自决定继续履行该合同，按照合同将婚纱交给了对方某摄影工作室。管理人履行债务人未履行完毕的合同是否需要向债权人委员会报告？

管理人在破产程序中起着至关重要的作用，其处分债务人财产的行为关系到债权人的切身利益，故在涉及处分债务人的重大财产时，其应当向债权人委员会报告，以保障债权人的合法权益。根据《企业破产法》第六十九条的规定，管理人履行债务人和对方当事人均未履行完毕的合同，应当及时报告债权人委员会。因此，在本案中，管理人履行债务人未履行完毕的婚纱买卖合同的行为，应当履行报告义务，该公司的破产管理人擅自决定履行合同的行为是错误的。

相关法条

《中华人民共和国企业破产法》

第六十九条 管理人实施下列行为，应当及时报告债权人委员会：

（一）涉及土地、房屋等不动产权益的转让；

（二）探矿权、采矿权、知识产权等财产权的转让；

（三）全部库存或者营业的转让；

（四）借款；

（五）设定财产担保；

（六）债权和有价证券的转让；

（七）履行债务人和对方当事人均未履行完毕的合同；

（八）放弃权利；

（九）担保物的取回；

（十）对债权人利益有重大影响的其他财产处分行为。

未设立债权人委员会的，管理人实施前款规定的行为应当及时报告人民法院。

《最高人民法院关于适用〈中华人民共和国企业破产法〉若干问题的规定（二）》

第二十五条 管理人拟通过清偿债务或者提供担保取回质物、留置物，或者与质权人、留置权人协议以质物、留置物折价清偿债务等方式，进行对债权人利益有重大影响的财产处分行为的，应当及时报告债权人委员会。未设立债权人委员会的，管理人应当及时报告人民法院。

第八章

———

破产清算

第八章 破产清算

第一节 破产宣告

一、破产宣告的情形与障碍

破产宣告,是指法院依法定程序对符合破产条件的债务人宣告其为破产人的司法裁定。在宣告破产后,债务人开始进入破产清算程序。破产宣告主要包括三种情形:第一,企业法人不能清偿到期债务,并且资产不足以清偿全部债务或者明显缺乏清偿能力的,经人民法院审查属实,企业没有进行和解或重整,被人民法院直接宣告破产;第二,经债务人或者债权人申请,法院裁定对破产企业进行重整,但重整失败的,法院应当宣告债务人破产;第三,经债务人申请,法院裁定和解,但因和解协议未通过或和解协议未获得法院认可、债务人违法成立和解协议、债务人不执行和解协议等原因,法院宣告债务人破产。

破产障碍,是指阻止法院宣告债务人破产的法定事由。企业因出现法定原因进入破产程序,但在破产程序中,因某种情形的出现使这种法定原因消失,法院应当终结破产程序,不再宣告债务人破产。阻止法院宣告债务人破产的法定事由主要包括外部破产障碍和内部破产障碍。外部破产障碍,是指外部原因导致的破产原因消失,例如第三人为债务人提供足额担保,保证债务人清偿全部债务,或者第三人直接替代债务人对所有债务进行清偿。内部破产障碍,是指债务人自身在进入破产程序后有能力清偿全部到期债务,并已经实际清偿。无论是外部破产障碍,还是内部破产障碍，都应当是在破产宣告前出现的，从而使破产程序终结。

案例解析

法院宣告债务人破产后，债务人能否以第三人提供担保为由申请免除破产宣告？

A公司因经营不善，资产不能清偿到期债务，其债权人甲向法院提出破产申请，法院经审查后予以受理，进入破产程序。在破产程序中，A公司向法院申请和解，法院经审查，裁定和解予以公告，并召集债权人召开债权人会议，但和解协议草案经债权人会议表决未获得通过，因此法院裁定终止和解程序，宣告债务人破产，并对破产财产进行了变价、分配。在破产宣告后，B公司表示愿意为A公司所有到期债务提供担保，并以该公司两处房产作为抵押。这种情况下，A公司能否以B公司为其提供担保为由向法院申请撤销破产宣告？

第三人为债务人提供足额担保属于破产障碍，若出现此情形，则债务人可免除破产宣告，但前提是须在破产宣告前出现。上述案例中，A公司已经被宣告破产，且破产财产已经进行变价，开始清算。破产清算程序具有不可逆性，已经进行的财产变价、分配很难恢复原状，因此在破产宣告后，即使出现第三人为债务人提供足额担保的情形，也不能将破产宣告撤销，不能恢复原状。

第八章 破产清算

> 相关法条

《中华人民共和国企业破产法》

第一百零七条 人民法院依照本法规定宣告债务人破产的,应当自裁定作出之日起五日内送达债务人和管理人,自裁定作出之日起十日内通知已知债权人,并予以公告。

债务人被宣告破产后,债务人称为破产人,债务人财产称为破产财产,人民法院受理破产申请时对债务人享有的债权称为破产债权。

第一百零八条 破产宣告前,有下列情形之一的,人民法院应当裁定终结破产程序,并予以公告:

(一)第三人为债务人提供足额担保或者为债务人清偿全部到期债务的;

(二)债务人已清偿全部到期债务的。

二、优先受偿债权的处理

在破产法中,担保人优先受偿的权利被称为别除权,是指在破产程序中,对债务人的特定物享有担保物权的权利人可以在破产程序开始后随时请求对该特定物行使优先受偿权。在破产宣告后,债务人财产被称为破产财产,由破产管理人管理分配,按照债权人会议通过的分配方案分配给各债权人,而优先受偿债权可以在破产程序开始后随时进行清偿,这是优先受偿债权与普通债权的本质区别。

优先受偿债权数额是以设立担保物权的特定物的价值为基础的,因债权人只能对该特定物享有优先受偿权,当债权人的债权额高于特定物的价值时,其债权不能得到完全清偿,则未清偿的债权就作为普通债权,由权利人进行申报,按照债权人会议通过的分配方案进行清偿。别除权作为一种民事权利，权利人可以行使，也可以放弃，当权利人放弃别除权时，也就失去了就债务人的特定物进行优先受偿的权利，则其债权应当作为普通债权处理，即进行债权申报，按照债权人会议通过的分配方案进行清偿。

案例解析

破产债务人为第三人债务提供担保，未清偿部分能否申报普通债权？

甲公司因严重资不抵债向法院申请破产。法院经审查，于2018年6月1日受理，并指定破产管理人。破产管理人在整理甲公司债权债务时发现，2017年3月，乙公司向A银行贷款500万元，贷款时间为一年，甲公司以一处厂房设定抵押为乙公司提供担保并办理抵押登记。贷款到期后乙公司未能按期偿还本息，经协商，甲公司将其厂房变现后所得价款全部用于清偿乙公司在A银行的贷款，但尚有120万元本息未能得到清偿。在法院发布受理甲公司破产申请的公告后，A银行能否以120万元本息申报债权？

我国《企业破产法》第一百一十条规定，享有本法第一百零九条规定权利的债权人行使优先受偿权利未能完全受偿的，其未受偿的债权作为普通债权。这里所说的债权人应当是破产债务人的债权人，若破产债务人仅为第三人提供担保，第三人不能清偿到期债务时，第三人的债权人享有别除权，可以在破产程序中对破产债务人的特定物享有优先受偿权，但因破产债务人不是主债务人，故在担保范围内实现担保物权后未清偿部分不能申请普通债权，第三人的债权人需向该第三人主张权利。因此，在上述案例中，A银行剩余的120万元本息不能向管理人申报普通债权，而应当向乙公司主张权利。

> **相关法条**

《中华人民共和国企业破产法》

第一百零九条 对破产人的特定财产享有担保权的权利人，对该特定财产享有优先受偿的权利。

第一百一十条 享有本法第一百零九条规定权利的债权人行使优先受偿权利未能完全受偿的，其未受偿的债权作为普通债权；放弃优先受偿权利的，其债权作为普通债权。

《中华人民共和国民法典》

第四百一十三条 抵押财产折价或者拍卖、变卖后，其价款超过债权数额的部分归抵押人所有，不足部分由债务人清偿。

第二节　变价和分配

一、破产财产变价规定

破产财产变价，是指将破产企业的非金钱财产转变为金钱的行为。破产财产变价是破产财产分配的前提，将破产财产进行变价便于债权人之间进行破产财产分配，变价的目的是更好地保障债权人利益。在债权调查结束前一般不允许对破产财产进行变价，但鲜活易腐的产品例外，若不及时进行变价则会导致财产损失，损害债权人的利益，有违破产财产变价的目的。

　　破产财产变价主要有拍卖和变卖两种形式。根据我国《企业破产法》第一百一十二条的规定，变价出售破产财产应当通过拍卖进行。但是，债权人会议另有决议的除外。拍卖是破产财产变价的首要方式，是指清算组将破产财产以公开方式出价，由买者竞价的行为，拍卖的最终结果是价高者得之。拍卖的公开性要求法院在拍卖前将拍卖事项进行公告，以保障利害关系人的权益。拍卖虽能保证公平，但耗时长、成本高，有时并不一定可以将破产财产以最高价出售。因此，若经债权人会议同意，也可通过变卖的方式对破产财产进行变价。变卖，是指在债务人宣告破产后，清算组将破产财产以合理的价格进行出售的行为。虽然变卖行为可以由清算组自主进行，但清算组应当将变卖情况向法院汇报，法院可以根据实际情况要求清算组改变变卖方式、价格甚至停止变卖，以保障债权人的利益。有些破产财产属于国家限制流通的产品，不能进行拍卖或者变卖，在此情况下则应按照国家有关规定处理。

案例解析

下面案件中，破产管理人的变价行为是否合法？

　　A公司是一家建材公司，近年由于市场不景气，加之管理不善，出现严重资不抵债的情形，无力清偿到期债务。2017年2月，该公司向某市中级人民法院申请破产。法院于2017年4月受理破产申请，并指定了破产管理人。破产管理人接管后对A公司财产进行清算时，认为应当尽快将A公司的破产财产出售以保障债权人的利益，因此破产管理人向社会发布公告，将竞价出售A公司的破产财产。报名收购A公司破产财产的公司共有4家，经过审核，管理人认为B公司符合收购条件，因此在与B公司进行一系列商谈后，与之签订《收购协议》，将A公司的全部破产财产出售给B公司。破产管理人的此种破产财产变价行为是否合法？

破产财产的变价是将破产企业的非金钱财产转变为金钱的行为。根据我国《企业破产法》第一百一十二条第一款的规定，变价出售破产财产应当通过拍卖进行。但是，债权人会议另有决议的除外。也就是说，在破产管理人对破产财产进行变价时应当采取拍卖的形式，若债权人会议同意将破产财产进行变卖，则也可以采取变卖的形式进行变价。上述案件中，破产管理人虽向社会发布公告公开出售A公司的破产财产，但未进行拍卖程序，也未组织债权人会议讨论通过其他变价形式，其自行审核后直接与B公司签订《收购协议》，出售破产财产，不符合《企业破产法》的规定，该破产管理人的变价行为是不合法的。

相关法条

《中华人民共和国企业破产法》

第一百一十条　享有本法第一百零九条规定权利的债权人行使优先受偿权利未能完全受偿的，其未受偿的债权作为普通债权；放弃优先受偿权利的，其债权作为普通债权。

第一百一十一条　管理人应当及时拟订破产财产变价方案，提交债权人会议讨论。

管理人应当按照债权人会议通过的或者人民法院依照本法第六十五条第一款规定裁定的破产财产变价方案，适时变价出售破产财产。

《最高人民法院关于适用〈中华人民共和国企业破产法〉若干问题的规定（三）》

第十五条　管理人处分企业破产法第六十九条规定的债务人重大财产的，应当事先制作财产管理或者变价方案并提交债权人会议进行表决，债权人会议表决未通过的，管理人不得处分。

管理人实施处分前，应当根据企业破产法第六十九条的规定，提前十日书面报告债权人委员会或者人民法院。债权人委员会可以依照企业破产法第六十八条第二款的规定，要求管理人对处分行为作出相应说明或者提供有关文件依据。

债权人委员会认为管理人实施的处分行为不符合债权人会议通过的财产管理或变价方案的，有权要求管理人纠正。管理人拒绝纠正的，债权人委员会可以请求人民法院作出决定。

人民法院认为管理人实施的处分行为不符合债权人会议通过的财产管理或变价方案的，应当责令管理人停止处分行为。管理人应当予以纠正，或者提交债权人会议重新表决通过后实施。

二、破产财产的清偿顺序与方式

根据债权种类的不同，破产财产有不同的清偿顺序，其目的是公平清理破产债务。破产费用和共益债务具有优先性，可以在破产程序中随时清偿，若破产财产优先清偿破产费用和共益债务后有剩余财产，剩余破产财产将按照我国《企业破产法》第一百一十三条规定的顺序进行清偿。根据该法律规定，剩余破产财产首先要清偿的是破产人所欠职工的工资和医疗、伤残补助、抚恤费用，所欠的应当划入职工个人账户的基本养老保险、基本医疗保险费用，以及法律、行政法规规定应当支付给职工的补偿金。这类债权影响职工的基本生活,因此将此类债权置于其他债权之上有利于维护社会稳定。其次要清偿的是破产人欠缴的除上述规定以外的社会保险费用和破产人所欠税款,上述规定以外的社会保险费用能更好地保障职工权益,而破产人所欠税款列入这一顺位则体现了税收的强制性。处于最后一个顺位的是普通债权,即没有担保的债权或者放弃优先受偿权的有担保的债权。

企业破产的原因通常是严重资不抵债,因此在进行清偿时,破产财产可能不足以清偿全部债务,这时清偿顺序就起到了至关重要的作用。当破产财产清偿前一顺位的债权后有剩余时,才能对下一顺位的债权进行清偿;在同一顺位的债权中,若破产财产不能足额清偿的,则应按照该顺位中各个债权所占比例进行清偿。无论破产财产清偿到哪一顺位,当破产财产清偿完毕时,就意味着破产程序的终结,管理人都应当向法院申请终止破产程序。

对破产债权的清偿,原则上是以货币的方式进行分配,但当破产财产中有难以确定价值的资产或者难以进行变价的资产时,为避免给债权人造成损失,经债权人会议同意,也可以实物等其他方式进行分配。

案例解析

下面案件中,B公司能得到清偿的债权额是多少?

A公司与B公司系常年合作伙伴关系,近年来,A公司连续亏损,拖欠B公司货款达300万元。经了解,A公司已无力清偿到期债务,因此B公司作为债权人向法院提出破产申请。法院认为A公司符合破产条件,受理该破产申请,并指定破产管理人。破产管理人在整理A公司债权债务时发现,A公司负债达1500万元,其中包括职工工资及社会保险等200万元，欠缴税款100万元，普通破产债权1200万元。A公司所有财产经过变价，总资产为950万元，其中一处车间两年前被抵押给银行贷款400万元，该车间变现价值为300万元。在破产程序中，破产管理人支出破产费用和共益债务为50万元。若将A公司破产财产进行清偿，B公司能得到清偿的债权额是多少？

A公司总资产为950万元，但其中车间已经设定抵押，银行享有优先受偿权，该车间变现为300万元，因此破产财产应当是650万元。根据我国《企业破产法》第一百一十三条的规定，破产财产应当先清偿破产费用和共益债务，则清偿后破产财产剩余600万元。剩余部分按照该条规定的清偿顺序进行清偿，首先要清偿职工工资和社会保险等200万元，再清偿税款100万元，最后剩余的300万元清偿普通债权。普通债权额为1200万元，剩余财产不足以清偿，应当按照各债权比例进行清偿，B公司债权300万元占普通债权1200万元的25%，因此B公司能够得到清偿的债权额为最后剩余的300万元的25%，即75万元。

> 相关法条

《中华人民共和国企业破产法》

第一百一十三条 破产财产在优先清偿破产费用和共益债务后，依照下列顺序清偿：

（一）破产人所欠职工的工资和医疗、伤残补助、抚恤费用，所欠的应当划入职工个人账户的基本养老保险、基本医疗保险费用，以及法律、行政法规规定应当支付给职工的补偿金；

（二）破产人欠缴的除前项规定以外的社会保险费用和破产人

所欠税款；

（三）普通破产债权。

破产财产不足以清偿同一顺序的清偿要求的，按照比例分配。

破产企业的董事、监事和高级管理人员的工资按照该企业职工的平均工资计算。

第一百一十四条 破产财产的分配应当以货币分配方式进行。但是，债权人会议另有决议的除外。

《最高人民法院关于适用〈中华人民共和国企业破产法〉若干问题的规定（二）》

第三条 债务人已依法设定担保物权的特定财产，人民法院应当认定为债务人财产。

对债务人的特定财产在担保物权消灭或者实现担保物权后的剩余部分，在破产程序中可用以清偿破产费用、共益债务和其他破产债权。

三、破产财产的分配方案

破产财产的分配，是指破产管理人将破产财产进行变价后，依照法定程序对债权人进行分配。破产财产的分配需要破产管理人制定分配方案，经债权人会议通过后，由破产管理人提请人民法院裁定认可，并由破产管理人执行。破产财产的分配方案应当包括以下内容：（1）参加破产财产分配的债权人名称或者姓名、住所；（2）参加破产财产分配的债权额；（3）可供分配的破产财产数额；（4）破产财产分配的顺序、比例及数额；（5）实施破产财产分配的方法。破产财产可以一次分配，也可以多次分配，破产管理人实施多次分配时，应当将本次分配的财产额和债权额进行公告。对于法院已经确认的债权，由清算组向债权人出具债权分配书,该债权分配书具有强制执行力,若破产债务人拒不履行,则债权人有权依据债权分配书向人民法院申请强制执行。

> 案例解析

破产财产分配方案经债权人会议表决未通过将如何处理?

甲公司属于国有企业,因经营不善,公司长期亏损,导致严重资不抵债,于是向法院申请破产。法院经审查受理该公司的破产申请,并指定破产管理人。法院向社会发布公告,债权人开始申报债权。在法院宣告甲公司破产后,破产管理人根据甲公司的现有财产制定破产财产分配方案,并在债权人会议上进行表决。因甲公司亏损严重,在清偿完破产费用和共益债务后无剩余财产,因此经过两次债权人会议,破产管理人制定的分配方案均未获得通过。在此种情况下,甲公司的破产分配方案该如何确定?

我国《企业破产法》第一百一十五条规定,"债权人会议通过破产财产分配方案后,由管理人将该方案提请人民法院裁定认可",但破产财产的分配方案受到破产债务人财产实际情况的限制,所以并非所有的分配方案都能在债权人会议上表决通过。依照《最高人民法院关于审理企业破产案件若干问题的规定》第四十四条的规定,"清算组财产分配方案经债权人会议两次讨论未获通过的,由人民法院依法裁定"。破产财产分配方案经两次债权人会议均未获得通过的,可由破产管理人向法院提出申请,申请法院裁定认可该分配方案,在法院裁定认可该分配方案后,破产管理人负责该方案的执行。这就充分保障了债权人的自主权,给予债权人两次表决的机会,但同时为了保证工作效率,若经两次债权人会议，分配方案仍不能通过的，则由管理人将该破产财产分配方案直接提请法院裁定。

相关法条

《中华人民共和国企业破产法》

第一百一十五条 管理人应当及时拟订破产财产分配方案，提交债权人会议讨论。

破产财产分配方案应当载明下列事项：

（一）参加破产财产分配的债权人名称或者姓名、住所；

（二）参加破产财产分配的债权额；

（三）可供分配的破产财产数额；

（四）破产财产分配的顺序、比例及数额；

（五）实施破产财产分配的方法。

债权人会议通过破产财产分配方案后，由管理人将该方案提请人民法院裁定认可。

第一百一十六条 破产财产分配方案经人民法院裁定认可后，由管理人执行。

管理人按照破产财产分配方案实施多次分配的，应当公告本次分配的财产额和债权额。管理人实施最后分配的，应当在公告中指明，并载明本法第一百一十七条第二款规定的事项。

《最高人民法院关于审理企业破产案件若干问题的规定》

第四十四条 清算组财产分配方案经债权人会议两次讨论未获通过的，由人民法院依法裁定。

对前款裁定，占无财产担保债权总额半数以上债权的债权人有异议的,可以在人民法院作出裁定之日起十日内向上一级人民法院申诉。上一级人民法院应当组成合议庭进行审理,并在三十日内作出裁定。

四、特殊债权的破产财产分配规定

附生效条件或附解除条件的破产债权,由于其具有不确定性,债权存在受条件成就或者不成就的影响,因此对破产财产进行分配时应当先将其提存。若在最后分配公告日,生效条件未成就或者解除条件成就的,此时应当将这部分附条件债权分配给其他债权人,而不能分配给原附条件的债权人;若在最后分配公告日,生效条件成就或者解除条件未成就的,应当将这部分债权分配给附条件的债权人。

破产管理人在实施破产财产的分配时会进行公告,债权人应当按照公告和破产财产分配方案规定的时间及时接受财产分配,若债权人在规定时间内没有领取破产财产分配额的,破产管理人应当将这部分分配额进行提存,并通知债权人及时领取,债权人在最后分配公告之日起满两个月仍不领取的,则破产管理人应当将已经提存的破产财产分配额分配给其他债权人。

诉讼或者仲裁未决的债权在破产程序中也可以进行债权申报,但由于这类债权具有不确定性,诉讼或者仲裁的结果可能直接影响债权是否存在,因此应当先将其提存,待诉讼或者仲裁结果出具后根据结果的不同将其分配给一方债权人或者分配给其他债权人。该提存分配额的受领也是有时间限制的,若自破产程序终结之日起满二年仍不能受领分配的,无论是因诉讼或裁决结果未出具,还是因为其他原因,都应当将已提存的分配额重新进行分配,分配给其他债权人。

第八章 破产清算

案例解析

债权人未及时受领破产分配额，能否参与追加分配？

甲公司因长期资不抵债，于2018年2月向法院申请破产。法院经审查后受理破产申请，并指定了破产管理人。破产管理人在破产程序中制定了破产财产分配方案并经债权人会议讨论通过，法院裁定认可该方案后，破产管理人实施多次分配，随后在2018年8月1日发布公告，要求债权人在一个月之内领取破产财产分配额。其中，债权人乙公司的分配额为12万元，但债权人乙公司并未在该时间内领取，破产管理人将该12万元提存。破产管理人于2018年11月1日发布最后分配公告，但直至2019年1月，债权人乙公司仍未领取破产财产分配额，管理人决定将其已提存的12万元分配给其他债权人，进行追加分配。在此种情况下，债权人乙公司能否参与追加分配？

债权人乙公司在最后分配公告之日起满两个月未领取破产财产分配额，根据我国《企业破产法》第一百一十八条的规定，应当视为乙公司放弃受领分配的权利，已提存的12万元应当分配给其他债权人，此时，乙公司丧失的是受领该12万元分配额的权利。但是当提存的12万元作为破产财产进行再次分配时，乙公司作为破产债权人仍然有权以债权人的身份参与追加分配，管理人也应当通知乙公司参与追加分配。

相关法条

《中华人民共和国企业破产法》

第一百一十七条 对于附生效条件或者解除条件的债权，管理人应当将其分配额提存。

管理人依照前款规定提存的分配额，在最后分配公告日，生效条件未成就或者解除条件成就的，应当分配给其他债权人；在最后分配公告日，生效条件成就或者解除条件未成就的，应当交付给债权人。

第一百一十八条 债权人未受领的破产财产分配额，管理人应当提存。债权人自最后分配公告之日起满二个月仍不领取的，视为放弃受领分配的权利，管理人或者人民法院应当将提存的分配额分配给其他债权人。

第一百一十九条 破产财产分配时，对于诉讼或者仲裁未决的债权，管理人应当将其分配额提存。自破产程序终结之日起满二年仍不能受领分配的，人民法院应当将提存的分配额分配给其他债权人。

第三节　破产程序的终结

一、破产程序终结的情形

破产程序终结，是指破产程序的结束，意味着破产程序目标的实现或者不能实现。在破产程序中，当出现一定的情形时，破产程序即告终结，这些情形主要包括财产不足以支付破产费用、全体债权人同意终结、债权得到全部清偿、无财产可供分配、破产财产分配完毕等。

破产费用由破产财产随时清偿，并且优先于其他破产债权，当破产财产不足以支付破产费用时，也就意味着债权人无法从破产财产中获得清偿，再继续进行破产程序将毫无意义，破产管理人应当提请法院终结

第八章 破产清算

破产程序。

在破产程序中，破产债务人可与全体债权人就债权债务自行达成协议，并提请法院裁定认可。法院需对该协议进行审查，符合条件的可裁定认可，终结破产程序。

破产程序的目的在于以破产财产清偿到期债务，维护债权人的权益。当有第三人为债务人提供足额担保或者债务人的财产已清偿完毕全部债务时，破产程序就没有必要继续进行下去，法院应当裁定终结破产程序并予以公告。

破产管理人若在破产程序中发现破产债务人已无财产可供分配，例如原来预想的财产并不存在或者已经失去其价值，则再进行破产程序无实际意义，不能使债权人的债权得到清偿，因此管理人应当提请法院终结破产程序。

破产程序终结最常见的原因为破产财产分配完毕。对破产财产进行分配是破产程序的主要目的，当破产管理人按照制定的分配方案将全部破产财产分配完毕时，破产程序的目的已实现，破产管理人应当将分配报告提交法院，并申请终结破产程序。

> 案例解析

破产债务人财产灭失后无财产可供分配，破产程序应当如何进行？

A公司是一家造纸公司，但近年由于市场不景气，加之管理不善，出现严重资不抵债的情形，无力清偿到期债务。2018年5月，A公司向法院申请破产，法院经审查后受理破产申请，并指定了破产管理人。破产管理人调查A公司的财产状况即债权债务后发现，A公司现有财产为：厂房两间价值150万元，纸质产品若干价值50万元；尚欠B公司借款 80 万元，欠 C 公司货款 100 万元，欠职工工资和社会保险 100 万元。在破产管理人尚未将 A 公司财产进行拍卖变卖的情况下，A 公司所在地区突发大水，将厂房冲毁，产品淹没，破产财产灭失。此时，破产程序将如何进行？

我国《企业破产法》第一百二十条规定了破产程序终结的情形，其中第一款即破产人无财产可供分配而终结破产程序的情形。A 公司仅有的厂房和纸质产品都在未分配时灭失，直接导致了 A 公司无财产可供分配，破产程序再继续进行将毫无意义，破产程序的目的已然不能实现，因此破产管理人应当请求人民法院终结破产程序。

相关法条

《中华人民共和国企业破产法》

第四十三条 破产费用和共益债务由债务人财产随时清偿。

债务人财产不足以清偿所有破产费用和共益债务的，先行清偿破产费用。

债务人财产不足以清偿所有破产费用或者共益债务的，按照比例清偿。

债务人财产不足以清偿破产费用的，管理人应当提请人民法院终结破产程序。人民法院应当自收到请求之日起十五日内裁定终结破产程序，并予以公告。

第一百零五条 人民法院受理破产申请后，债务人与全体债权人就债权债务的处理自行达成协议的，可以请求人民法院裁定认可，并终结破产程序。

第一百零八条 破产宣告前，有下列情形之一的，人民法院应当裁

定终结破产程序,并予以公告:

(一)第三人为债务人提供足额担保或者为债务人清偿全部到期债务的;

(二)债务人已清偿全部到期债务的。

第一百二十条 破产人无财产可供分配的,管理人应当请求人民法院裁定终结破产程序。

管理人在最后分配完结后,应当及时向人民法院提交破产财产分配报告,并提请人民法院裁定终结破产程序。

人民法院应当自收到管理人终结破产程序的请求之日起十五日内作出是否终结破产程序的裁定。裁定终结的,应当予以公告。

二、破产程序终结后的手续办理

破产程序终结后,不论破产原因为何,破产管理人都应当在十日内持法院的裁定向破产人原登记机关办理注销登记,这是破产管理人在破产程序终结后必须进行的一项工作。我国企业法人是依法登记成立的,因此在其终止时也应当依法办理注销登记。注销登记是终止企业法人权利能力和行为能力的法定形式,其意义在于将破产企业的法律人格归于消灭。在破产案件中,破产程序终结后,破产管理人办理注销登记应当提交注销登记申请书、破产人的企业法人营业执照和副本、人民法院终结破产程序的裁定书等文件。其中,裁定书用以证明该破产企业已经具备办理注销登记的条件,债权债务已经清理完毕,营业执照和副本作为确认企业行为能力的证明在其注销时应当收回。在破产人办理完毕注销登记后,应当将情况及时向法院报告,同时办理注销登记的行政部门应当在注销登记后向社会发布公告。

案例解析

总公司破产程序终结后,分公司是否应当办理注销登记?

甲公司为一家汽车销售公司,乙公司为其分公司,因市场不景气,加之甲公司管理不善,已经严重资不抵债,因此甲公司向法院申请破产。法院受理破产申请后指定破产管理人,经过一系列的破产程序,甲公司破产财产分配完毕,破产管理人向人民法院提交了破产财产分配报告,并提请人民法院裁定终结破产程序。经审查,法院裁定终结破产程序,并发布公告。甲公司在破产程序终结后,由破产管理人向原工商登记机关办理注销登记。乙公司作为甲公司的分公司,是否也应当办理注销登记?

根据《公司法》第十四条第一款的规定可知,公司设立分公司,应当进行登记并领取营业执照,且分公司不具备独立的法人资格,其民事责任由公司承担。由于乙公司不具备独立的法人资格,其民事责任也应当由甲公司承担,在甲公司破产并办理注销登记后,乙公司作为注册登记的分公司也应当办理注销登记。总公司的权利能力和行为能力终止后,分公司就失去了存在的基础,应当办理注销登记。

相关法条

《中华人民共和国企业破产法》

第一百二十一条 管理人应当自破产程序终结之日起十日内,持人民法院终结破产程序的裁定,向破产人的原登记机关办理注销登记。

《中华人民共和国公司法》

第十四条 公司可以设立分公司。设立分公司，应当向公司登记机关申请登记，领取营业执照。分公司不具有法人资格，其民事责任由公司承担。

公司可以设立子公司，子公司具有法人资格，依法独立承担民事责任。

三、管理人的职务终止

破产管理人接受法院的指定，对破产企业的破产事务进行管理，包括破产财产的处分、变价和分配等，从召开债权人会议到对破产企业进行注销登记都离不开破产管理人。当破产程序终结，企业办理注销登记后，破产管理人的职务终止，破产管理人将不再对破产企业的事务承担管理义务。

破产管理人职务终结的时间为办理完毕注销登记的次日，但是当该破产案件中存在诉讼或者仲裁未决的情况时，破产管理人依然应当继续履行职务，对破产企业的债权债务负责。这些诉讼和仲裁包括法院受理破产申请后，已经开始但尚未结束的案件，以及在破产程序进行过程中，因破产债务人的财产争议而发生的诉讼。破产管理人有义务参加这些诉讼或者仲裁案件，若在有诉讼或仲裁未决的情况下破产管理人不执行职务，会给诉讼和仲裁工作带来诸多不便，同时也不利于破产财产后续的管理。因此，即使是破产管理人已经将破产企业办理注销登记，只要存在诉讼或仲裁未决的情况，破产管理人也应当继续履行其职务，代表破产人参与诉讼或者仲裁。

案例解析

债务人公司注销后，但涉诉未完结，破产管理人的职务是否终止？

甲公司属于国有企业，因常年亏损，严重资不抵债，于 2017 年 5 月 15 日向法院申请破产。法院受理破产申请后指定了破产管理人。在破产管理人对甲公司的债权债务进行清查时，乙公司以甲公司为被告，向受理破产申请的法院提起诉讼，破产管理人代表甲公司参与诉讼。其间经过一系列程序，破产管理人将甲公司的财产进行变价，制定的破产分配方案经债权人会议讨论通过，于 2017 年 9 月 28 日将破产财产分配完毕。2017 年 10 月 8 日，破产管理人向法院提交了破产财产分配报告，并且向法院提起终结破产程序申请。法院经审查，于 2017 年 10 月 20 日裁定破产终结程序，并发布了公告。破产管理人于 2017 年 10 月 27 日向甲公司原登记机关办理了注销登记。但此时，乙公司与甲公司的诉讼尚未完结，破产管理人的职务能否终止？

破产管理人是企业进入破产程序后由法院指定产生的临时机构，破产管理人的职务包括对破产债务人的财产进行管理、拍卖、变卖以及分配等。破产管理人具有临时性，因此当破产程序终结，破产程序目的实现后，破产管理人的职务随之终止。我国《企业破产法》第二十五条规定，代表债务人参加诉讼、仲裁或其他法律程序是管理人的法定职责之一。上述案件中，在破产程序进行过程中管理人已经代表甲公司参加与乙公司的诉讼，但在破产程序终结并办理注销登记后，该案尚未完结，根据我国《破产企业法》第一百二十二条的规定，债务人有诉讼或者仲裁未决的案件的，破产管理人的职务尚不能终止，依然应当继续履行职务，代表债务人参加诉讼。因此，在上述案例中，即使甲公司的破产程序已经终结,且甲公司已注销,但破产管理人的职务并不能终止。

> **相关法条**

《中华人民共和国企业破产法》

第二十五条 管理人履行下列职责:
(一)接管债务人的财产、印章和账簿、文书等资料;
(二)调查债务人财产状况,制作财产状况报告;
(三)决定债务人的内部管理事务;
(四)决定债务人的日常开支和其他必要开支;
(五)在第一次债权人会议召开之前,决定继续或者停止债务人的营业;
(六)管理和处分债务人的财产;
(七)代表债务人参加诉讼、仲裁或者其他法律程序;
(八)提议召开债权人会议;
(九)人民法院认为管理人应当履行的其他职责。
本法对管理人的职责另有规定的,适用其规定。

第一百二十二条 管理人于办理注销登记完毕的次日终止执行职务。但是,存在诉讼或者仲裁未决情况的除外。

四、破产财产追加分配的规定

破产财产追加分配,是指对破产财产的补充分配。当破产程序终结后又发现破产人还有其他可供分配的破产财产时,应当由人民法院按照破产财产分配方案对尚未获得完全清偿的债权人进行补充分配。

应当进行追加分配的破产财产主要包括五种:第一,法院受理破产案件前一年内债务人无效处理的财产,例如无偿转让的财产、以明显不合理的价格交易的财产、对没有财产担保的债务提供财产担保的担保财产、对未到期的债务提前清偿的清偿额以及放弃的债权;第二,法院受理破产申请前六个月内,债务人已经处于破产状态仍对个别债权人进行清偿的财产;第三,债务人隐匿、转移的财产,虚构或者承认不真实的债务;第四,债务人的董事、监事和高级管理人员利用职权获得的财产;第五,应当供分配的其他财产,例如破产财产分配完毕后又因合同履行获得的收益以及在破产程序中纠正错误支出收回的财产等。对于以上财产提出追加分配是有时间限制的,应当在破产程序终结之日起二年内提出。这里的二年属于除斥期间,若权利人未在该期间内提出追加分配,则丧失其实体权利。进行追加分配的目的在于使债权人的债权得到清偿,根据我国《企业破产法》的规定,破产财产应当优先清偿破产费用和共益债务,若以上应当进行追加分配的财产尚不足以支付分配费用的,再进行追加分配将无实际意义,应当由法院将该财产上交国库。

案例解析

对于破产人放弃的债权及免费提供给其他企业的机器能否进行追加分配?

甲厂因经营管理不善,长期不能清偿到期债务,被债权人申请破产。2016年4月13日,法院受理此案,并于2016年5月15日裁定甲厂破产。破产管理人拟定破产财产分配方案后经债权人会议讨论通过,由破产管理人执行,破产程序于2017年1月10日终结。但在2018年3月28日,法院审理其他案件时发现,甲厂曾在2015年6月放弃对乙公司的债权98万元,除此之外在2015年2月,甲厂曾将其价值50万元的机器免费提供给丙公司使用。对于甲厂放弃的 98 万元债权和免费提供的 50 万元机器，债权人能否请求人民法院进行追加分配？

根据我国《企业破产法》第一百二十三条第一款的规定，在破产程序终结后二年内，发现法院受理破产申请前一年内，破产债务人放弃债权或者无偿转让财产的，债权人可以请求人民法院按照破产分配方案进行追加分配。上述案例中，法院发现甲厂放弃债权和无偿转让财产是在破产程序终结后二年内，但甲厂免费提供给丙公司使用的机器是在法院受理破产申请前一年前发生的，因此对于价值 50 万元的机器，债权人不能请求法院申请追加分配，只能对甲厂在法院受理申请破产前一年内放弃的 98 万元债权进行追加分配。

相关法条

《中华人民共和国企业破产法》

第三十一条　人民法院受理破产申请前一年内，涉及债务人财产的下列行为，管理人有权请求人民法院予以撤销：

（一）无偿转让财产的；

（二）以明显不合理的价格进行交易的；

（三）对没有财产担保的债务提供财产担保的；

（四）对未到期的债务提前清偿的；

（五）放弃债权的。

第三十二条　人民法院受理破产申请前六个月内，债务人有本法第二条第一款规定的情形，仍对个别债权人进行清偿的，管理人有权请求人民法院予以撤销。但是，个别清偿使债务人财产受益的除外。

第三十三条 涉及债务人财产的下列行为无效：

（一）为逃避债务而隐匿、转移财产的；

（二）虚构债务或者承认不真实的债务的。

第三十六条 债务人的董事、监事和高级管理人员利用职权从企业获取的非正常收入和侵占的企业财产，管理人应当追回。

第一百二十条 破产人无财产可供分配的，管理人应当请求人民法院裁定终结破产程序。

管理人在最后分配完结后，应当及时向人民法院提交破产财产分配报告，并提请人民法院裁定终结破产程序。

人民法院应当自收到管理人终结破产程序的请求之日起十五日内作出是否终结破产程序的裁定。裁定终结的，应当予以公告。

第一百二十三条 自破产程序依照本法第四十三条第四款或者第一百二十条的规定终结之日起二年内，有下列情形之一的，债权人可以请求人民法院按照破产财产分配方案进行追加分配：

（一）发现有依照本法第三十一条、第三十二条、第三十三条、第三十六条规定应当追回的财产的；

（二）发现破产人有应当供分配的其他财产的。

有前款规定情形，但财产数量不足以支付分配费用的，不再进行追加分配，由人民法院将其上交国库。

五、连带债务人的继续清偿责任

在破产程序中，并非所有的债权都能通过企业破产得到全部清偿，未清偿的债权也并非随着破产程序的终结而消灭。破产程序的终结，仅仅意味着债权人在未发现破产债务人的其他财产时不能再从破产债务人处获得清偿，但若该破产债务人有保证人或其他连带债务人，债权人仍然可就未清偿的债权向保证人或其他连带债务人主张清偿。即当债务人破产后，保证人或其他连带债务人的清偿义务不因破产人的破产而消灭，对未清偿的债权，连带债务人仍有义务进行清偿。

案例解析

主债务人破产后，其连带责任保证人是否应当承担偿还责任？是否包括破产申请受理后的利息？

2017年8月7日，甲公司与乙公司签订借款合同，约定甲公司向乙公司借款100万元，月利率为2%，借款期限为一年，且保证人丙为甲公司提供担保，对甲公司的借款本息承担连带责任。借款到期后，甲公司未偿还任何本息，且因甲公司长期亏损管理不善，于2018年12月7日被宣告破产，乙公司作为破产债权人进行了债权申报。至破产程序终结，乙公司的债权中有60万元获得清偿。对于剩余债权，乙公司能否向保证人丙主张？若可向丙主张，主张的债权中是否包括破产申请受理后的利息？

在甲公司与乙公司的借贷关系中，丙为甲提供连带责任担保。虽然甲公司在未清偿任何本息的情况下破产，但这并不免除丙的保证责任。根据我国《企业破产法》第一百二十四条的规定，丙作为甲公司的连带责任保证人，仍有义务向乙公司清偿债务，承担连带保证责任。该法第四十六条规定，附利息的债权自破产申请受理时起停止计息，因此甲公司与乙公司之间的借款应当自法院受理甲公司的破产申请之日起停止计息。但该条仅约束主债务人和债权人，并不影响保证人丙与乙公司之间的法律关系，保证人丙也没有进入破产程序，因此乙公司对丙的债权不应当停止计息。保证人丙对乙公司承担偿还责任时应当包括破产受理申请后的利息。

相关法条

《中华人民共和国企业破产法》

第四十六条 未到期的债权，在破产申请受理时视为到期。附利息的债权自破产申请受理时起停止计息。

第一百二十四条 破产人的保证人和其他连带债务人，在破产程序终结后，对债权人依照破产清算程序未受清偿的债权，依法继续承担清偿责任。

第九章

破产预防

第九章 破产预防

第一节 重整

一、重整的申请主体

2006年的《企业破产法》在我国原有破产法律规范的基础上增加了重整制度。重整,是指当债务人出现破产原因或可能存在破产原因时,利害关系人为挽救债务人陷入破产危机而向人民法院申请对债务人进行业务重组和债务调整的法律制度。如果说破产清算制度注重对债权人的公平保护,重整这一新的制度安排则更强调对债务人的挽救和复兴。

重整的申请主体,是指有权依法向人民法院申请启动重整程序的权利主体。相较于破产清算的申请主体,重整的申请主体范围稍广,根据《企业破产法》的规定,以下法律主体可以向人民法院提出重整申请:

第一,债权人。当债务人不能清偿到期债务,并且资产不足以清偿全部债务或明显缺乏清偿能力时,债权人为保障自己的合法权益,可以向人民法院申请对债务人进行破产清算。举重以明轻,当债务人出现前述情形或存在明显丧失清偿能力之可能时,债权人自然也可以向人民法院提出重整申请,使自己在保留债务人运营价值的基础上获得比对债务人进行破产清算更有利的清偿可能。

第二,债务人。出现破产原因时,债务人可以自行向人民法院申请破产重整。同时,为了避免自己因破产而退出市场,当债务人被动进入破产清算程序时,债务人也可以向人民法院申请破产重整。

第三，债务人的出资人。作为利害关系人，出资人仅能在特定情形下申请破产重整：（1）出资人本身要具备申请重整的资格，即其出资额必须达到债务人注册资本的十分之一以上；（2）出资人只能在债权人申请对债务人进行破产清算而产生的破产程序（人民法院受理破产申请后、宣告债务人破产前）中提出重整申请。

案例解析

债务人因债权人的破产清算申请进入破产程序，其他债权人是否可以向人民法院申请对债务人进行重整？

甲、乙、丙、丁公司系 A 集团旗下的四家关联公司。2018 年 11 月，黄某以甲公司不能清偿到期债务为由，向人民法院提交破产清算申请。同月 16 日，人民法院裁定受理黄某的破产清算申请，并指定了破产管理人。甲公司的其他债权人 Q 公司、W 公司得知此事后，按人民法院和管理人的要求申报了债权。但它们认为，甲公司自身债务并不大，它之所以陷入困境，其实是因为其与 A 集团旗下的另外三家公司互联互保造成的，而且甲公司资产优质，存在通过破产重整盘活资产、恢复生产经营的可能，如果甲公司熬过这一关，它们也能获得更有利的清偿后果。于是，Q 公司和 W 公司便向人民法院提出了对甲公司进行重整的申请。人民法院会受理该申请吗？债务人因债权人的破产清算申请而进入破产程序后，其他债权人是否还可以向人民法院申请对债务人进行重整？

债务人因债权人的破产清算申请而进入破产程序后，其他债权人不能再向人民法院申请对债务人进行重整。《企业破产法》第七十条规定："债务人或者债权人可以依照本法规定，直接向人民法院申请对债务人进行重整。债权人申请对债务人进行破产清算的，在人民法院受理破产申请后、宣告债务人破产前，债务人或者出资额占债务人注册资本十分之一以上的出资人，可以向人民法院申请重整。"根据该规定，尽管债权人是有权进行重整申请的法律主体之一，但是其并非在任何情况下都享有此权利。如果债务人已经因债权人的破产清算申请而进入破产程序，可以申请重整的便只能是债务人或出资额占债务人注册资本十分之一以上的出资人，其他债权人并不具备向人民法院申请重整的资格。上述案例中，人民法院已经受理黄某的破产清算申请，甲公司便依法进入破产清算程序，Q 公司和 W 公司作为债权人申报了债权，不符合《企业破产法》第七十条第二款所规定的申请重整的法定条件，人民法院不会受理 Q 公司和 W 公司的重整申请。

相关法条

《中华人民共和国企业破产法》

第七十条　债务人或者债权人可以依照本法规定，直接向人民法院申请对债务人进行重整。

债权人申请对债务人进行破产清算的，在人民法院受理破产申请后、宣告债务人破产前，债务人或者出资额占债务人注册资本十分之一以上的出资人，可以向人民法院申请重整。

二、人民法院对重整申请的审查与裁定

人民法院在收到利害关系人的重整申请后，应当进行审查。实践

中，是否受理申请人提出的重整申请，人民法院需要对以下四个问题进行综合考察：

第一，申请人是否享有重整申请权。根据我国《企业破产法》第七十条的规定，债权人、债务人或出资额占债务人注册资本十分之一以上的出资人是依法享有重整申请权的法律主体。

第二，债务人是否具有重整能力。重整能力，是指债务人依法是否可以成为重整的对象，换言之，就是债务人是否具有被重整的主体资格。在我国，仅依法成立的企业法人具有重整能力。

第三，申请人提交的申请书和相关证据材料的合规性。根据我国《企业破产法》第八条第一款的规定，向人民法院提出破产申请时，应当提交破产申请书和有关证据，此乃人民法院判断是否受理破产申请的重要依据。作为破产申请的重要组成部分，申请人申请重整时，也应当依法提交前述材料供人民法院审查。

第四，重整的必要性与可行性。人民法院收到申请材料后，将对债务人是否具备《企业破产法》第二条规定的重整原因进行审查。由于破产重整存在较大的不确定性，受理重整申请之前，人民法院往往要综合考虑重整时间、重整成本、利害关系人的权益保障、债务人的经营能力等各种因素，以衡量债务人是否具备重整希望与重整价值。

由于破产程序中并无对立的诉辩双方，也不存在诉讼请求与抗辩理由的争议，人民法院在破产程序中也非居于主导地位，所以当利害关系人对是否要进行重整等事项存在争议时，人民法院往往会采取听证或类似听证的方式处理重整申请的受理审查等重要事项。此外，对于上市公司的破产重整申请，根据最高人民法院会议纪要传达的精神，人民法院在裁定受理上市公司破产重整申请前，还应当将相关材料逐级报送最高人民法院审查。

经审查，人民法院认为债务人符合重整条件的，应当裁定债务人重整并作出公告，向社会公开债务人重整的有关事项，以便利害关系人维护其合法权益。

> 案例解析

未提出破产申请的债权人可否参加上市公司破产重整案件的听证会？

C公司系上市公司，经营范围为生产、销售金属材料、机械产品、铸锻件及通用零部件、家用电器、计算机及配件、电子元器件、仪器仪表、计量衡器、纺织品、服装、木材制品、耐火材料等。自2010年起，因资源、环境、公司生产经营和管理结构、规模等因素的制约，C公司发展缓慢，年年亏损，负债率极高。2019年7月，C公司多家债权人向人民法院提出破产清算申请，同时，C公司的大股东P公司也向人民法院提出了重整申请。由于多方意见不一致，人民法院决定举行听证会聆听各方意见，对C公司是否具备重整条件进行审查。C公司的债权人A公司听闻此消息后，也想参加听证会，但是因自己没有提出破产申请，不知道是否有资格参加。没有提出破产申请的债权人究竟可不可以参加上市公司破产重整案件的听证会呢？

上市公司破产案件敏感、复杂，为了充分保障债权人、投资人（含普通投资者）和上市公司的合法权益，2012年3月22日，最高人民法院与中国证券监督管理委员会就上市公司破产重整案件的审理工作召开了座谈会。根据该次座谈会的会议纪要第四项的内容，人民法院召开听证会审查债务人是否具备重整条件的，应当提前通知申请人、被申请人并送达相关资料，公司的债权人、出资人、实际控制人等利害关系人申请参加听证的，人民法院应当予以准许。可见，债权人作为利害关系人，有权参加上市公司破产案件的听证会，而无论其是否已经向人民法院提出破产申请。前述案例中，C公司乃上市公司，该案涉及面广、影响大，加之债权人和出资人分别向人民法院提出了破产清算和重整申请，人民法院为审查C公司是否具备重整的条件而召开听证会的做法恰当。根据《最高人民法院关于审理上市公司破产重整案件工作座谈会纪要》的规定，A公司作为C公司的债权人，依法有权参加该次听证会，这既能在一定程度上为人民法院作出正确合理的裁定提供依据，也能保障A公司的合法权益。

相关法条

《中华人民共和国企业破产法》

第二条　企业法人不能清偿到期债务，并且资产不足以清偿全部债务或者明显缺乏清偿能力的，依照本法规定清理债务。

企业法人有前款规定情形，或者有明显丧失清偿能力可能的，可以依照本法规定进行重整。

第八条　向人民法院提出破产申请，应当提交破产申请书和有关证据。

破产申请书应当载明下列事项：

（一）申请人、被申请人的基本情况；

（二）申请目的；

（三）申请的事实和理由；

（四）人民法院认为应当载明的其他事项。

债务人提出申请的，还应当向人民法院提交财产状况说明、债务清册、债权清册、有关财务会计报告、职工安置预案以及职工工资的支付和社会保险费用的缴纳情况。

第七十条 债务人或者债权人可以依照本法规定，直接向人民法院申请对债务人进行重整。

债权人申请对债务人进行破产清算的，在人民法院受理破产申请后、宣告债务人破产前，债务人或者出资额占债务人注册资本十分之一以上的出资人，可以向人民法院申请重整。

第七十一条 人民法院经审查认为重整申请符合本法规定的，应当裁定债务人重整，并予以公告。

《关于审理上市公司破产重整案件工作座谈会纪要》

四、关于对上市公司破产重整申请的审查

会议认为，债权人提出重整申请，上市公司在法律规定的时间内提出异议，或者债权人、上市公司、出资人分别向人民法院提出破产清算申请和重整申请的，人民法院应当组织召开听证会。

人民法院召开听证会的，应当于听证会召开前通知申请人、被申请人，并送达相关申请材料。公司债权人、出资人、实际控制人等利害关系人申请参加听证的，人民法院应当予以准许。人民法院应当就申请人是否具备申请资格、上市公司是否已经发生重整事由、上市公司是否具有重整可行性等内容进行听证。

鉴于上市公司破产重整案件较为敏感，不仅涉及企业职工和二级市场众多投资者的利益安排，还涉及与地方政府和证券监管机构的沟通协调。因此，目前人民法院在裁定受理上市公司破产重整申请前，应当将相关材料逐级报送最高人民法院审查。

三、重整期间的界定

重整期间,是指人民法院裁定债务人重整之日起至重整程序终止之日的时间段。部分国家称该期间为重整保护期,因为重整期间内,债务人的股东、董事、高级管理人员的行为将受到限制,债务人也不能进行个别清偿。对于重整期间的长度,国外主要有两种立法例:其一,通过对最长期间的规定对重整期间作出限制,例如一年、六个月等;其二,根据个案确定重整期间,即人民法院受理或作出司法重整的裁决后,再根据案件情况确定重整期间。目前,我国现行法对重整期间的时长并未作出明确具体的规定。

根据我国《企业破产法》第七十二条的规定,重整期间的界定需注意以下两点:第一,重整期间起于人民法院裁定债务人重整之日,一旦人民法院裁定受理重整申请,债务人即进入重整保护期;第二,重整期间止于重整程序终止。根据现行法的规定,重整程序终止的原因主要包括债务人或管理人未按期提出重整计划草案、人民法院裁定批准重整计划草案、债务人的经营状况在重整期间持续恶化等。出于行文脉络的考虑,此内容将在后文详述。需要注意的是,重整期间并不包括重整计划得到批准后的执行时间。

案例解析

重整期间经过后,与债务人有关的案件
是否仍应适用破产案件集中管辖的规定?

2017年12月18日,K公司以H公司资不抵债,明显存在丧失清偿能力为由向Z法院提出破产重整申请。同年年底,Z法院裁定受理

第九章　破产预防

K公司的重整申请，并指定L律所为H公司的管理人。后管理人依法履行职责，并向人民法院和债权人会议按时提交了重整计划草案。2018年7月12日，Z法院批准了重整计划，裁定终止H公司的重整程序。2018年11月，因H公司未严格按照建设工程施工合同的约定履行义务，交易相对方F公司欲通过诉讼途径维护自己的合法权益。拟订诉讼计划时，F公司发现，根据民事诉讼法及其司法解释的相关规定，该案属于建设工程施工合同纠纷，本应由涉案不动产所在地的T法院管辖，但是H公司正在重整过程中，根据《企业破产法》的规定，似乎又应该由受理破产申请的Z法院集中管辖。重整期间经过后，与债务人有关的案件是否仍应适用破产案件集中管辖的规定？F公司应当向哪个法院提起诉讼呢？

F公司应当向T法院起诉。根据《企业破产法》第二十一条的规定，人民法院受理破产申请后，与债务人有关的民事诉讼，由受理破产申请的人民法院集中管辖。这是为了便于人民法院审理与债务人有关的案件时统一裁判尺度，保护债务人财产和债权人利益，债务人进入重整程序的也不例外。同时，该法第七十二条规定："自人民法院裁定债务人重整之日起至重整程序终止，为重整期间。"两相结合可知，重整期间，与债务人有关的民事案件也应由受理重整案件的人民法院统一管辖。但值得注意的是，重整期间至重整程序终止之日止，人民法院批准重整计划、终止重整程序后，破产程序便归于结束，无须再适用破产案件集中管辖的规定。本案中，H公司的重整保护期已经结束，进入了重整计划的执行程序，不再属于破产程序，所以，与H公司有关的民事诉讼不必再适用《企业破产法》第二十一条的规定。根据我国《民事诉讼法》第三十三条第一款第一项以及《最高人民法院关于适用〈中华人民共和国民事诉讼法〉的解释》第二十八条第二款的规定，F 公司与 H 公司的建设工程施工合同纠纷应由不动产所在地人民法院管辖，故 F 公司应向 T 法院提起诉讼。

> **相关法条**

《中华人民共和国企业破产法》

第二十一条　人民法院受理破产申请后，有关债务人的民事诉讼，只能向受理破产申请的人民法院提起。

第七十二条　自人民法院裁定债务人重整之日起至重整程序终止，为重整期间。

《中华人民共和国民事诉讼法》

第三十三条　下列案件，由本条规定的人民法院专属管辖：

（一）因不动产纠纷提起的诉讼，由不动产所在地人民法院管辖；

（二）因港口作业中发生纠纷提起的诉讼，由港口所在地人民法院管辖；

（三）因继承遗产纠纷提起的诉讼，由被继承人死亡时住所地或者主要遗产所在地人民法院管辖。

《最高人民法院关于适用〈中华人民共和国民事诉讼法〉的解释》

第二十八条　民事诉讼法第三十三条第一项规定的不动产纠纷是指因不动产的权利确认、分割、相邻关系等引起的物权纠纷。

农村土地承包经营合同纠纷、房屋租赁合同纠纷、建设工程施工合同纠纷、政策性房屋买卖合同纠纷，按照不动产纠纷确定管辖。

不动产已登记的，以不动产登记簿记载的所在地为不动产所在地；不动产未登记的，以不动产实际所在地为不动产所在地。

四、重整期间财产与营业事务的管理

根据我国《企业破产法》的规定，债务人进入破产程序后，管理人将全面接管债务人的经营管理、财务管理等事务。在重整程序中，该规定体现为两种模式：一是债务人在管理人的监督下自行管理财产和营业事务。债务人自行营业可以充分发挥债务人比管理人更了解企业经营情况的天然优势，也可以激励债务人通过自己的努力早日走出破产窘境。但是，该种模式的运行需要债务人主动申请，人民法院认为债务人自行营业更有利于重整成功的，可以批准债务人的申请，使其在管理人的监督下管理自己的财产和业务。二是管理人主持营业并辅之以聘任管理。根据现行法的规定，重整期间，如果债务人没有提出自行营业的申请或者该申请未获人民法院批准，管理人依法享有管理债务人财产和经营事务的权利与责任是不言自明的。鉴于管理人并未参与企业的前期经营，对债务人的业务和财产状况不甚熟悉，为了提高经营管理的效率，管理人有权聘任债务人的经营管理人员负责营业事务。值得注意的是，管理人聘任债务人的经营管理人员后，双方之间形成聘任关系，经营管理人员的经营管理行为应对管理人负责并接受管理人的监督。

案例解析

债务人进入破产重整程序后，可否自行管理财产和营业事务？

S公司系中外合资公司，主要经营范围为研发自行车、电动自行车、电动摩托车、摩托车、电动三轮车、电动四轮车、儿童自行车、健身车、运动器械、机械产品、玩具、电动玩具、电子产品、新能源设备及储电设备（锂电池、电池等）、家用电器及其零配件、电子元器件以及上述产品的批发、零售、进出口及相关配套业务等。自成立以来，S公司兢兢业业，在全球范围内都保有一定的知名度和市场占有度。由于市场环境的变化，近年来，S公司屡次陷入经营困境，多个项目停产，厂区和生产设备也被人民法院查封、扣押。无奈之下，S公司于2019年6月25日向人民法院提出重整申请。经过审查，人民法院于同年7月9日裁定受理该公司的重整申请，并指定J律所为该公司的管理人。后管理人要求S公司及相关人员移交公司财产和相关资料。因公司设立已久且业务广泛，S公司担心管理人无法很好地处理公司事务。S公司可以通过何种方式使自己继续管理公司财产和营业事务？

我国《企业破产法》第七十三条规定："在重整期间，经债务人申请，人民法院批准，债务人可以在管理人的监督下自行管理财产和营业事务。有前款规定情形的，依照本法规定已接管债务人财产和营业事务的管理人应当向债务人移交财产和营业事务，本法规定的管理人的职权由债务人行使。"根据该规定可知，重整程序中，经过申请，债务人可以在管理人的监督下自行管理财产和营业事务。上述案例中，S公司的考量有其合理性。为了发挥自己更熟悉自己财产和经营状况的优势，S公司可以向人民法院提出由自己自行管理财产和营业事务的申请。如果人民法院同意该申请，《企业破产法》规定的管理人职权将由S公司行使。需要注意的是，由于重整程序更注重挽救债务人，为了提高重整成功的可能性，债务人应当认清事实，量力而行，根据自己的实际情况提出申请。

相关法条

《中华人民共和国企业破产法》

第七十三条 在重整期间，经债务人申请，人民法院批准，债务人可以在管理人的监督下自行管理财产和营业事务。

有前款规定情形的，依照本法规定已接管债务人财产和营业事务的管理人应当向债务人移交财产和营业事务，本法规定的管理人的职权由债务人行使。

第七十四条 管理人负责管理财产和营业事务的，可以聘任债务人的经营管理人员负责营业事务。

五、重整期间有关担保物权的规定

从某种程度上讲，相较于清算或和解，重整更强调社会性，强调经济秩序的稳定性和整体利益的维护。重整的要义是复兴债务人，是通过挽救债务人的方式来保障债权人等利害关系人的利益。当社会利益与个人利益相冲突时，个人利益往往需要让位于社会利益，这在重整程序中也不例外。为了维持债务人的营业能力，实现债权人、债务人、出资人等利害关系人多方共赢的局面，某些特定债权人就必须让利。就此，各个国家或地区无不对有财产担保债权人权利的行使作出了限制，只是在限制程度和限制规则上因国情而存在差异。

在我国，这种限制表现为：对债务人的特定财产享有担保权的债权人在重整期间不能行使担保权。换言之，重整期间，担保权人（债权人）不能主张就债务人的特定担保物进行拍卖、变卖。这就导致担保物权的价值无法实现，一定程度上危及了债权人获得清偿的权利。为了平衡双方的利益，我国《企业破产法》同时规定，如果担保物存在损坏或价值明显减少的可能进而足以导致担保权人的权利受损的，权利人可以向人民法院请求恢复行使担保权。需要注意的是，《企业破产法》的规定不是债务人损害债权人权益的借口，如果担保物非为债务人的"特定财产"（如债务人生产经营所必需的厂房、生产设备等），担保权人的权利不一定会受到限制。

此外，考虑到债务人进行重整可能会需要对外借款，为了强化对新债权人的利益保护，为债务人提供经营所需资金，新债权人除依法享有优先受偿权外（根据《企业破产法》第四十二条第四项的规定，重整期间，为债务人继续营业而产生的债务，可作为共益债务得到优先清偿），还可以要求债务人或管理人为该笔借款提供担保。

案例解析

重整期间，担保物受损，债权人如何维护自己的合法权益？

2017年5月26日，W公司向R公司借款200万元，双方签订了《借款合同》一份，约定：借款金额为200万元整，借款期限自2017年5月27日起至2018年1月1日，借款月利率为1%。该笔借款到期后，W公司未能依约还款，双方签订了借款展期协议，将还款期限延展至2018年4月1日之前。同年2月22日，双方又签订抵押合同，约定W公司将其名下的一套厂房抵押给R公司作为担保，后双方办理了抵押登记。后W公司仍未依约还款，R公司向人民法院提出实现担保物权的申请。2018年5月14日，人民法院受理W公司的重整申请，并指定了管理人。重整期间，R公司欲继续推进实现担保物权的程序，被人民法院和管理人以厂房与W公司的生产经营活动息息相关为由拒绝。2018年8月，W公司抵押给R公司的厂房遭受台风侵袭，多处结构受损。请问，这种情况下，债权人R公司应当如何维护自己的合法权益？

本案涉及重整期间担保物权的行使问题。我国《企业破产法》第七十五条第一款规定："在重整期间，对债务人的特定财产享有的担保权暂停行使。但是，担保物有损坏或者价值明显减少的可能，足以危害担保权人权利的，担保权人可以向人民法院请求恢复行使担保权。"由此可见，尽管重整期间的担保权依法被暂停行使，但该限制并非毫无限度的。如果担保物遭受损坏或出现其他可能导致担保物价值明显减少的情形，足以危害担保权人的权利的，权利人有权向人民法院主张恢复行使担保权。上述案例中，R公司为厂房（W公司所有）的抵押权人，当W公司不能清偿到期债务时，R公司本有权就抵押物的价值实现优先受偿。由于W公司在R公司主张实现担保物权期间进入重整程序，根据前述法律的规定，R公司享有的担保权依法暂停行使，这是维系债务人继续经营的重要保障。但是，重整期间，厂房因台风侵袭而受到严重损坏，其价值可能降低，如果再继续暂停担保权的行使，极有可能损害债权人的合法权益。根据《企业破产法》第七十五条第二款的规定，债权人R公司可以向人民法院申请恢复担保权的行使。

相关法条

《中华人民共和国企业破产法》

第四十二条　人民法院受理破产申请后发生的下列债务，为共益债务：
……

（四）为债务人继续营业而应支付的劳动报酬和社会保险费用以及由此产生的其他债务；

……

第七十五条 在重整期间，对债务人的特定财产享有的担保权暂停行使。但是，担保物有损坏或者价值明显减少的可能，足以危害担保权人权利的，担保权人可以向人民法院请求恢复行使担保权。

在重整期间，债务人或者管理人为继续营业而借款的，可以为该借款设定担保。

六、重整期间的取回权

取回权，是指财产的所有人等权利人不受破产程序的约束，直接向管理人或债务人主张返还"不属于债务人财产"的权利。取回权是基于物权的权能，是为保护权利人的合法权益而产生的。一般情况下，财产权利人在破产程序中行使取回权时并不受约定条件的限制。也就是说，即使根据合同的约定，债务人有权占有该财产，但一旦债务人进入破产程序，权利人就可以直接行使取回权。但万事总有例外，碍于企业重整的特殊目的和需要，《企业破产法》为了给债务人重整成功创造条件，对重整期间的取回权之行使作出了特别规定。

重整期间，权利人要求取回债务人合法占有的财产的，必须符合双方事先约定的取回条件。此处的"合法占有的财产"，系指债务人基于租赁、保管、仓储、委托、加工承揽、信托等合法有效的合同关系而占有的不属于债务人所有的财产，例如债务人租赁的办公场地、厂房、车辆、机器设备等。表面上看，对权利人行使取回权设置"符合事先约定的条件"将会限制权利人的权利，但根据合同的一般原理，当事人本就应当根据合同的约定行使权利、履行义务。所以从本质上讲，该规定的本意并不是要求权利人让利于债务人，也不会有损于权利人的合法权益。如果权利人行使取回权时符合双方事前约定的条件，权利人自然可以依约定取回财产；如果债务人因重整失败而进入破产清算程序，权利人也可以依法行使取回权，主张债务人返还财产。与此同时，相关司法解释为了保障权利人的权益，还明确了重整期间权利人行使"紧急取回权"的条件：当债务人或自行管理的管理人的行为违反约定，将取回物转让给他人，或作出可能导致取回物发生毁损或其他可能导致该财产价值减少的行为时，权利人可径行向管理人或自行管理的债务人主张取回财产，而不论取回财产的条件成就与否。

案例解析

交易相对方进入重整程序，当事人如何才能取回对方占有的属于自己的财产？

T公司是专门从事纺织品贸易的小型贸易公司，2015年1月1日，T公司与M公司签订《租赁合同》，约定M公司将其位于莲花大厦二层的两间商铺及与该商铺相对应的仓库出租给T公司，租期为五年，月租金合计15万元（每年的租金在前一年度租金的基础上增加3%），按季度支付。双方还就租赁物的交付与交还、维修管理事务等事项进行了约定。2019年8月15日，T公司因资不抵债，不能清偿到期债务，向人民法院申请破产重整。法院审查后，于同年8月30日裁定受理该申请，并指定V律所担任T公司的管理人。M公司听闻此消息后，担心自己不能按期收到租金，便要求管理人提前交还租赁物，被管理人以合同未到期，M公司不享有取回权为由拒绝。管理人的说法正确吗？M公司如何才能取回租赁物？

　　管理人的说法不正确，重整期间，财产权利人也依法享有取回权。我国《企业破产法》第七十六条明确规定了重整期间的取回权，该条规定："债务人合法占有的他人财产，该财产的权利人在重整期间要求取回的，应当符合事先约定的条件。"由此可见，重整期间，权利人同样享有取回权，只是权利人在行使取回权时，须符合事先约定的条件。同时，《最高人民法院关于适用〈中华人民共和国企业破产法〉若干问题的规定（二）》第四十条进一步规定："债务人重整期间，权利人要求取回债务人合法占有的权利人的财产，不符合双方事先约定条件的，人民法院不予支持。但是，因管理人或者自行管理的债务人违反约定，可能导致取回物被转让、毁损、灭失或者价值明显减少的除外。"基于这些规定我们可以知道，重整期间，如果合同约定的取回事由成立，权利人可以行使取回权；如果合同约定的取回事由不成立，但取回物出现危及权利人合法权益的情形，权利人也可以行使取回权。上述案例中，如果 M 公司欲取回租赁物，应当证明其取回租赁物的条件已成就，即其取回行为符合事先约定的条件；如果双方当事人并未就此作出约定或约定条件未成就的，M 公司须证明管理人违反约定，作出了可能导致租赁物被转让、毁损、灭失或者价值明显减少的行为，才能取回租赁物。

相关法条

《中华人民共和国企业破产法》

第七十六条　债务人合法占有的他人财产，该财产的权利人在重整期间要求取回的，应当符合事先约定的条件。

《最高人民法院关于适用〈中华人民共和国企业破产法〉若干问题的规定（二）》

第四十条 债务人重整期间，权利人要求取回债务人合法占有的权利人的财产，不符合双方事先约定条件的，人民法院不予支持。但是，因管理人或者自行管理的债务人违反约定，可能导致取回物被转让、毁损、灭失或者价值明显减少的除外。

七、重整期间对债务人的出资人、董监高行为的限制

重整期间，出资人的权利与公司处于正常经营情况下的有所不同。公司正常经营时，公司股东依法享有参与公司重大事项决策、表决权、知情权、选择和监督董事（监事）等非财产性权利和利润分配请求权等财产性权利。公司进入重整程序后，为了提高重整成功的可能性，需要各方利害关系人共付成本、共担风险，当债权人通过减免债务、变更清偿方式等形式减轻债务人的压力时，作为债务人的股东，同样应当承担相应的重整成本，以维持各方的利益平衡，共同为挽救债务人努力。因此，重整期间，往往需要对出资人权益进行调整，这主要体现在股权权益大小、收益分配请求权、股权转让权的限制等方面。

根据现行法的规定，重整期间，债务人的出资人不能请求分配投资收益。一方面，企业进入重整程序必然是由企业不能清偿到期债务，且资产不足以清偿全部债务或明显缺乏清偿能力等原因导致的，这种情况下，企业本就不存在可分配利润供公司股东分配，即使公司股东要求分配利润，也没有经济基础。另一方面，如果重整期间公司获得了利润，该利润应当首先用于弥补亏损、清偿债务，而不是用于出资人分配投资收益。如果让出资人专享重整收益，难免会导致债权人利益受到不公平

对待。

　　重整期间，债务人的董事、监事、高级管理人员不能擅自转让其持有的债务人的股权。现行法对董事、监事、高级管理人员的股权转让坚持的是"原则上禁止，特殊情况下例外"的态度。实践中，债务人进入重整程序，或多或少有一部分是该公司董事、监事、高级管理人员的"功劳"，禁止前述人员在重整期间转让股权可以防止其作出不负责任的经营行为，使其与债务人共担风险，也能在一定程度上起到安抚债权人及其他利害关系人的作用，稳固他们对企业重整的信心。股权转让在某些时候也会对重整程序产生积极影响，例如帮助债务人引进投资者，等等。在前述情况下，征得人民法院同意后，董事、监事、高级管理人员也可以向第三人转让其持有的债务人的股权。

案例解析

重整期间，公司董事擅自将自己持有的公司股份转让给第三人，将会产生何种法律后果？

　　K公司系有限责任公司，陈某、金某为该公司股东，分别持股50%，陈某为该公司董事兼总经理，金某为该公司监事。2018年4月15日，K公司的债权人U公司以K公司不能清偿到期债务，且资产不足以清偿全部债务为由，向人民法院提出破产重整申请。同年4月26日，人民法院裁定受理该重整申请并指定F会计师事务所为K公司管理人。2018年6月3日，陈某、金某二人与S公司签订《股权转让协议》，约定二人将所持公司股份作价420万元人民币转让给S公司，K公司还就此事召开了股东会并形成了股东会决议。K公司管理人F会计师事务所发现此事后，要求陈某、金某二人解除股权转让协议，但遭到拒绝。

无奈之下，F会计师事务所向人民法院提起了诉讼，请求确认《股权转让协议》无效。陈某、金某二人的行为是否正确？他们的行为将导致何种法律后果？

陈某、金某二人的行为违反了《企业破产法》第七十七条的规定。根据该规定，重整期间，除非经人民法院同意，债务人的董事、监事、高级管理人员不得向第三人转让其持有的债务人的股权。此乃法律强制性规定，如无特殊情形不得违反。上述案例中，陈某、金某既是K公司的股东，也是该公司的董事、监事和高级管理人员，其行为应当遵守《企业破产法》第七十七条第二款的约束性规定。但陈某、金某二人并未遵守该法律规定，而是在K公司进入重整期间后，未经人民法院同意便擅自与S公司签订股权转让合同，所以，二人的行为是错误的。根据我国《民法典》第一百四十三条的规定，陈某、金某二人的行为因违反法律强制性规定而无效。换言之，陈某、金某二人与S公司签订的《股权转让协议》无效。如果S公司已经支付股权转让款，陈某、金某二人应当依法退还；如果已经办理股权变更登记，应当办理撤销登记。

相关法条

《中华人民共和国企业破产法》

第七十七条 在重整期间，债务人的出资人不得请求投资收益分配。

在重整期间，债务人的董事、监事、高级管理人员不得向第三人转让其持有的债务人的股权。但是，经人民法院同意的除外。

《中华人民共和国民法典》

第一百四十三条 具备下列条件的民事法律行为有效：

（一）行为人具有相应的民事行为能力；

（二）意思表示真实；

（三）不违反法律、行政法规的强制性规定，不违背公序良俗。

八、重整程序的终止

重整程序的终止，是指重整期间的债务人因出现无法挽救之可能或其他导致重整工作无法继续进行的事实而导致重整程序结束的情况。根据《企业破产法》的规定，重整程序可能因为以下情形而终止：

第一，人民法院裁定受理重整申请至重整计划被批准之前，债务人的经营状况和财产状况持续恶化，缺乏复兴可能的。尽管《企业破产法》未明确规定进行重整的前提是债务人尚存一线生机，但综合来看，这一条件一直隐藏在重整程序中。一旦债务人丧失挽救的可能性，重整目的无法实现，再继续推进重整程序显然不利于债权人的利益，所以，在这种情况下，管理人或利害关系人可以申请终止重整程序。

第二，重整期间，债务人作出欺诈、恶意减少自己财产或其他不利于债权人的行为，侵害债权人利益的。重整期间，债权人往往要付出较高的重整成本，等待债务人重整成功从而实现债权，如果债务人在重整期间还作出侵害债权人的合法权益的行为，显然违背了进行重整的初衷，重整程序也没有再进行下去的必要。

第三，债务人的法人机关或其他工作人员的行为导致管理人无法执行职务的。重整期间，管理人依法负责接管债务人的财产和生产经营等事务，并围绕重整这一目的制订重整计划，与债务人、债权人沟通协调，推进重整工作。如果管理人到任后，债务人的相关人员不予配合甚至是阻碍管理人工作，导致重整程序无法运行，不仅会侵害管理人的权利,还会损害债权人的利益,所以在这种情况下,重整程序也应当终止。

第四,因重整计划而导致重整程序终止。在提出、通过和批准重整计划的过程中,如果重整计划草案未能按期提出、债权人会议没有通过重整计划草案或重整计划未能获得人法院批准的,重整程序也会终止。

值得注意的是,重整程序因前述原因而终止的,人民法院在裁定终止重整程序的同时,会宣告债务人破产。但是,如果重整程序因重整计划获得人民法院批准而进入重整计划执行阶段的,人民法院裁定终止重整程序时,便不能作出宣告债务人破产的裁定。

案例解析

重整期间,债务人一直处于停业状态,债权人可否主张结束重整,转入破产清算程序?

2019年4月18日,人民法院裁定受理F公司的重整申请,并指定C律所为破产重整管理人。后经F公司申请,人民法院准许其在C律所的监督下自行管理财产和营业事务。重整期间,F公司仅召开了一次债权人会议,并且该次会议并未通过管理人提交的重整计划草案。后面几个月,F公司的管理人员一直在债权人之间周旋,没有恢复生产经营,也没有引进战略投资人。该公司的债权人H公司认为F公司就是在拖延时间,再继续下去,重整工作不能取得实质进展,其利益也得不到保障。如果F公司趁机"跑路",债权就无法实现了。这种情况下,H公司可以向人民法院申请终止重整程序,对F公司进行破产清算吗?

本案涉及重整程序的终止。《企业破产法》第七十八条规定:"在重整期间,有下列情形之一的,经管理人或者利害关系人请求,人民法院应当裁定终止重整程序,并宣告债务人破产:(一)债务人的经营状况和财产状况继续恶化,缺乏挽救的可能性;(二)债务人有欺诈、恶意减少债务人财产或者其他显著不利于债权人的行为;(三)由于债务人的行为致使管理人无法执行职务。"根据该规定可知,重整期间如果出现债务人无挽救可能、债务人行为可能损害债权人合法利益或妨碍管理人执行职务等情形,管理人或利害关系人可以向人民法院提出终止重整程序的请求,人民法院将依法裁定终止重整程序并宣告债务人破产。本案中,H 公司乃 F 公司的债权人,F 公司的重整情况与 H 公司的债权人利益能否实现息息相关。现 F 公司重整工作未取得进展,如果该公司经营状况和财产状况继续恶化,丧失挽救可能性,根据前述法律之规定,H 公司作为利害关系人,当然可以向人民法院申请裁定终止重整程序。与此同时,为了降低债权人的成本和程序成本,人民法院将在裁定终止重整程序的同时宣告 F 公司破产,H 公司不必另行提出对债务人进行破产清算的申请。

相关法条

《中华人民共和国企业破产法》

第七十八条　在重整期间,有下列情形之一的,经管理人或者利害关系人请求,人民法院应当裁定终止重整程序,并宣告债务人破产:

(一)债务人的经营状况和财产状况继续恶化,缺乏挽救的可能性;

(二)债务人有欺诈、恶意减少债务人财产或者其他显著不利于债权人的行为;

(三)由于债务人的行为致使管理人无法执行职务。

第七十九条第三款　债务人或者管理人未按期提出重整计划草案

的，人民法院应当裁定终止重整程序，并宣告债务人破产。

第八十六条第二款 自重整计划通过之日起十日内，债务人或者管理人应当向人民法院提出批准重整计划的申请。人民法院经审查认为符合本法规定的，应当自收到申请之日起三十日内裁定批准，终止重整程序，并予以公告。

第八十八条 重整计划草案未获得通过且未依照本法第八十七条的规定获得批准，或者已通过的重整计划未获得批准的，人民法院应当裁定终止重整程序，并宣告债务人破产。

九、重整计划草案的提出与制作

重整计划是重整人以维持债务人继续营业和挽救债务人为目的，制作的以清理与债务人有关的债权债务关系为主要内容的协议。重整计划根据债务人的经营状况、财产状况以及发展前景而制备，是重整程序中最重要的法律文件。

根据《企业破产法》的规定，重整期间，负责管理财产和营业事务的债务人或管理人是制作重整计划的主体。债务人或管理人应当在法律规定的期限内制作重整计划草案并提交给人民法院和债权人会议讨论、表决、审查。通常情况下，债务人或管理人应当在人民法院裁定债务人重整之日起六个月之内将重整计划草案提交给人民法院和债权人会议，如果确需延长的，债务人或管理人可以向人民法院申请延长三个月，超过此时限仍未能提交重整计划草案的，重整程序将终止。

制作重整计划草案时，债务人或管理人应注意听取债权人、出资人、债务人职工代表等利害关系人的意见，重整计划草案应包括以下内容：

第一，债务人的经营方案。经营方案包括债务人要改变现状需要采取的具体措施，例如公司的经营方针和策略、亏损处理方案、人事调整方案等。该方案的内容由当事人自主决定，现行法未做干涉。

第二，债权分类及债权调整方案、债权受偿方案。我国采取债权类型法定主义，根据《企业破产法》的规定，有以下四种债权类型：（1）对债务人的特定财产享有担保权的债权；（2）债务人所欠职工的工资和医疗、伤残补助、抚恤费用，所欠的应当划入职工个人账户的基本养老保险、基本医疗保险费用，以及法律、行政法规规定应当支付给职工的补偿金；（3）债务人所欠税款；（4）普通债权。债务人或管理人编制重整计划草案时，不能变更债权类型及顺序，但是，债权人可以拟出债权调整方案，对同一类别的债权的数额、期限、性质等进行调整，并据此制定具体的清偿方案。值得注意的是，调整债权时，不能减免债务人所欠非职工个人账户的社会保险费用。

第三，重整计划的执行期限及执行的监督期限。为了保证重整程序及重整计划有序进行，切实维护各方当事人的合法权益，债务人或管理人制订重整计划草案时还应当明确重整计划的执行期限与相应的监督期限。目前，现行法并未对该期限作出明确规定，债务人或管理人拟订计划时应与利害关系人协商确定。重整计划的执行期限应当明确、具体、合理，一般情况下，监督期限应与执行期限一致。

除前述内容外，债务人或管理人还可以根据企业的具体情况提出有利于企业重整的其他方案。

案例解析

债务人可以自行制订重整计划草案吗？制备过程中应注意什么问题？

2018年7月26日，人民法院裁定受理G公司的重整申请并指定S

会计师事务所担任 G 公司的管理人。S 会计师事务所接管 G 公司的财产及营业事务后，便着手考察该公司的具体情况，为制订重整计划草案做准备。管理人履职期间，与 G 公司的一位高管发生了冲突，虽双方已妥善解决此事，但 G 公司担心管理人会因此对自己产生偏见，制作对自己不利的重整计划，遂希望由自己制作重整计划草案。在本案中，G 公司可以自行制订重整计划草案吗？如果可以，其在制备过程中需要注意什么问题？

我国《企业破产法》第八十条规定："债务人自行管理财产和营业事务的，由债务人制作重整计划草案。管理人负责管理财产和营业事务的，由管理人制作重整计划草案。"由此可见，人民法院裁定由债务人在管理人的监督下自行管理财产和营业事务的，债务人应当制作重整计划草案。除此之外，债务人的财产和营业事务均由管理人负责管理的，自然应当由管理人负责制作重整计划草案。上述案例中，G 公司并未向人民法院申请自行管理财产和营业事务，公司的财产和经营事务均由管理人 S 会计师事务所控制，当然应当由管理人制作重整计划草案。如果 G 公司希望由自己制作重整计划草案，可以根据《企业破产法》第七十三条的规定向人民法院申请由自己负责管理公司财产和营业事务。但无论重整计划草案由谁制作，都应当注意以下问题：第一，制作人应当根据债务人的实际情况制作重整计划草案，不能华而不实、浮于表面；第二，制作人应当在法律规定的时间内向人民法院和债权人会议提交重整计划草案；第三，制作期间，债务人、管理人及利害关系人应注意沟通协商，互相协助。

相关法条

《中华人民共和国企业破产法》

第七十九条　债务人或者管理人应当自人民法院裁定债务人重整之日起六个月内，同时向人民法院和债权人会议提交重整计划草案。

前款规定的期限届满，经债务人或者管理人请求，有正当理由的，人民法院可以裁定延期三个月。

债务人或者管理人未按期提出重整计划草案的，人民法院应当裁定终止重整程序，并宣告债务人破产。

第八十条　债务人自行管理财产和营业事务的，由债务人制作重整计划草案。

管理人负责管理财产和营业事务的，由管理人制作重整计划草案。

第八十一条　重整计划草案应当包括下列内容：

（一）债务人的经营方案；

（二）债权分类；

（三）债权调整方案；

（四）债权受偿方案；

（五）重整计划的执行期限；

（六）重整计划执行的监督期限；

（七）有利于债务人重整的其他方案。

第八十三条　重整计划不得规定减免债务人欠缴的本法第八十二条第一款第二项规定以外的社会保险费用；该项费用的债权人不参加重整计划草案的表决。

十、重整计划草案的表决、通过与批准

由于重整计划涉及多方利益,《企业破产法》对重整计划草案的表决、通过和批准设置了一系列程序。从程序阶段看,可将重整计划草案程序分为表决程序和批准程序。

第一,表决程序。根据《企业破产法》的规定,表决程序中包括召集债权人会议和审议重整计划草案等两项内容。债务人或管理人将重整计划草案提交给人民法院和债权人会议后,人民法院应当自收到重整计划草案之日起三十日内召开债权人会议,对重整计划草案进行表决。

对于重整计划草案,我国采用分组表决制,债权人会议中,应当根据债权的分类分组对重整计划草案进行表决。鉴于前文已经对债权的分类进行阐释,故此处便不再赘述。需要注意的是,由于每个债权人的债权数额并不一致,普通债权中的债权结构也可能极为复杂,如果将所有普通债权列为一组,可能会难以得出表决结果。所以,法律特别规定,人民法院可以在必要时决定在普通债权组中单独设立小额债权组,对重整计划草案进行表决。此外,如果重整计划草案涉及出资人权益调整的,还应当设置出资人组参加表决。

会议过程中,债务人或管理人应当就重整计划草案作出说明,如参会人员有疑问的,还应当作出回应和解释。根据《企业破产法》的规定,如果出席债权人会议的同一表决组的债权人过半数同意重整计划草案,并且其所代表的债权额达到该组债权总额的三分之二以上的,即可认为该组通过了重整计划草案。各表决组对重整计划草案进行讨论和表决之后,如果所有的表决组均表决通过该草案,重整计划即通过。但是,单组通过重整计划草案并无特殊意义。由于重整计划草案本质上是一份涉及债务人、债权人、出资人等利害关系人的协议,所以只有当所

有的表决组均通过该重整计划草案时，重整计划才能通过。

第二，批准程序。批准程序是重整计划经表决通过后，债务人或管理人向人民法院申请裁定批准重整计划，赋予其执行力的过程。《企业破产法》规定，批准程序包括申请、审查、裁定三项内容。各表决组通过重整计划后十日内，债务人或管理人应当向人民法院提出批准重整计划的申请。人民法院收到该申请后，将依法对重整计划进行审查。如果人民法院认为重整计划符合法律规定，将在法定期限内裁定批准重整计划；反之，如果重整计划违法或表决程序违法，人民法院将作出不予批准的裁定。与此同时，人民法院还将作出终止重整程序的裁定并予以公告，重整期间便自此结束。

案例解析

权益未受调整的债权人是否需要参加重整计划草案的表决？

2018年12月28日，人民法院裁定B公司进入破产重整程序，并指定R律所为该公司的管理人。2019年4月18日，B公司重整一案召开第二次债权人会议，就B公司重整计划草案进行表决。会议将债权人分为七个表决组，分别为有特定财产担保债权的金融组、职工债权组、税款债权组、小额普通债权组、大额普通债权组、巨额普通债权组、金融普通债权组。由于重整计划草案并未调整职工债权组和小额债权组的债权，法院和管理人没有通知其参加会议进行表决。除此之外，其余全部债权人都出席了该次会议。事后，B公司的部分职工和小额债权组的部分债权人认为，哪怕他们的权益没有受到影响，作为利害关系人，也应当参加债权人会议行使表决权。他们的说法正确吗？权益未受调整的债权人是否需要参加重整计划草案的表决？

根据《企业破产法》第八十三条的规定，重整计划不能减免划入职工个人账户的基本养老保险、基本医疗保险费用以外的社会保险费用（如没有划入职工个人账户的基本养老保险费和没有划入职工个人账户的基本医疗保险费、失业保险费、工伤保险费、生育保险费等），前述费用的债权人不参加重整计划草案的表决。《最高人民法院关于适用〈中华人民共和国企业破产法〉若干问题的规定（三）》第十一条第二款进一步规定："根据企业破产法第八十二条规定，对重整计划草案进行分组表决时，权益因重整计划草案受到调整或者影响的债权人或者股东，有权参加表决；权益未受到调整或者影响的债权人或者股东，参照企业破产法第八十三条的规定，不参加重整计划草案的表决。"根据前述法律及司法解释的规定，如果重整计划草案未减免该项债权，债权人的权益也不受重整程序影响，那么相关债权人是不需要参加重整计划草案的表决会议的。在本案中，提交表决的重整计划草案并没有调整职工债权组和小额债权组的债权，那么职工和小额债权人的权益便不会受到重整程序的影响，所以，该等债权人没有参加表决的必要，B公司职工和小额债权组的部分债权人的说法错误。

相关法条

《中华人民共和国企业破产法》

第八十二条 下列各类债权的债权人参加讨论重整计划草案的债权人会议，依照下列债权分类，分组对重整计划草案进行表决：

（一）对债务人的特定财产享有担保权的债权；

（二）债务人所欠职工的工资和医疗、伤残补助、抚恤费用，所欠的应当划入职工个人账户的基本养老保险、基本医疗保险费用，以及法律、行政法规规定应当支付给职工的补偿金；

（三）债务人所欠税款；

（四）普通债权。

人民法院在必要时可以决定在普通债权组中设小额债权组对重整计划草案进行表决。

第八十三条 重整计划不得规定减免债务人欠缴的本法第八十二条第一款第二项规定以外的社会保险费用；该项费用的债权人不参加重整计划草案的表决。

第八十四条 人民法院应当自收到重整计划草案之日起三十日内召开债权人会议，对重整计划草案进行表决。

出席会议的同一表决组的债权人过半数同意重整计划草案，并且其所代表的债权额占该组债权总额的三分之二以上的，即为该组通过重整计划草案。

债务人或者管理人应当向债权人会议就重整计划草案作出说明，并回答询问。

第八十五条 债务人的出资人代表可以列席讨论重整计划草案的债权人会议。

重整计划草案涉及出资人权益调整事项的，应当设出资人组，对该事项进行表决。

第八十六条 各表决组均通过重整计划草案时，重整计划即为通过。

自重整计划通过之日起十日内，债务人或者管理人应当向人民法院提出批准重整计划的申请。人民法院经审查认为符合本法规定的，应当自收到申请之日起三十日内裁定批准，终止重整程序，并予以公告。

《最高人民法院关于适用〈中华人民共和国企业破产法〉若干问题的规定（三）》

第十一条 债权人会议的决议除现场表决外，可以由管理人事先将相关决议事项告知债权人，采取通信、网络投票等非现场方式进行表决。采取非现场方式进行表决的，管理人应当在债权人会议召开后的三日内，以信函、电子邮件、公告等方式将表决结果告知参与表决的债权人。

根据企业破产法第八十二条规定，对重整计划草案进行分组表决时，权益因重整计划草案受到调整或者影响的债权人或者股东，有权参加表决；权益未受到调整或者影响的债权人或者股东，参照企业破产法第八十三条的规定，不参加重整计划草案的表决。

十一、重整计划草案的再表决与强制批准

重整计划需要彰显各方利害关系人的利益，一次会议可能无法达到全体表决组一致通过的目的。对此，《企业破产法》规定了重整计划草案的再表决与强制批准。

重整计划草案的再表决，是指当重整计划草案没有获得部分表决组通过时，债务人或管理人可以与该表决组协商，对重整计划草案的部分内容修改，再由该表决组对该重整计划草案进行表决的一种解决方案。如果表决通过，债务人或管理人便可向人民法院提请批准重整计划草案。需要注意的是，再表决过程中，债务人或管理人与该表决组对重整计划草案所作的修改不能损害其他表决组的利益。

重整计划草案的强制批准，是指即使部分表决组没有通过重整计划草案，并且该表决组拒绝再表决或经过再表决也没有通过重整计划草案，在重整计划草案符合法律规定的情形下，人民法院也可以依法裁定批准该重整计划草案的法律制度。根据现行法的规定，重整计划草案符合下列条件的，债务人或管理人可以申请人民法院强制批准：

第一,根据重整计划草案,对债务人的特定财产享有担保权的债权人的担保权未遭受实质性损害,债权人能够就该特定财产实现全部清偿,并且债权人因延期获得清偿而产生的损失将得到公平补偿的。

第二,根据重整计划草案,债务人所欠的职工工资和医疗、伤残补助、抚恤费用,应当划入职工个人账户的基本养老保险、基本医疗保险费用以及法律、行政法规规定应当支付给职工的补偿金和债务人所欠的税款能够获得全部清偿的。

第三,根据重整计划草案,普通债权获得的清偿比例,高于或等于其在重整计划草案被提请批准时依照破产清算程序所能获得的清偿比例的。

第四,根据重整计划草案,出资人的权益能够获得公平公正的保障的,即重整计划草案对出资人权益所作的调整公正合理,不至于严重损害出资人利益的。

第五,根据重整计划草案,同一类别表决组的债权人能获得公平对待,例如债权调整方案和清偿比例相同等。同时,重整计划草案所确定的债权清偿顺序符合《企业破产法》第一百一十三条关于破产财产清偿顺序之规定的。

第六,根据重整计划草案,债务人具有重整成功之可能的。此处特指债务人的经营方案具有可行性,有助于实现债务人复兴。

人民法院收到债务人或管理人的强制批准申请并进行审查后,认为重整计划草案符合前述条件的,应当依法裁定批准重整计划。如果重整计划自始未获得通过或获得部分通过但不符合前述强制批准条件的,则意味着重整计划草案不具有可行性,重整程序将依法终止。

案例解析

在企业重整计划未获得所有表决组通过的情况下，法院能否强制批准该重整计划？

2019年1月8日，X公司进入破产重整程序，J律所为该公司管理人。同年8月15日，人民法院召开第二次债权人会议对重整计划草案进行分组表决。分组情况为：担保优先债权组、职工债权组、税收债权组、出资人组和普通债权组。会议中，担保优先债权组中的部分债权人对债权总额有异议，故该组未通过重整计划草案。除此之外，其他几组均同意重整计划草案的内容。后经管理人与担保优先债权组的债权人协商，于2019年9月9日召开会议就重整计划草案进行第二次表决，该次表决仍未通过重整计划草案。管理人认为，尽管担保优先债权组未通过重整计划草案，但根据草案的内容，该组债权人能够就相应财产按期实现全部债权，故管理人依法向人民法院提起了批准重整计划的申请。人民法院审查后认为，重整计划草案公平公正且具有可行性，符合法律规定的条件，遂裁定批准重整计划草案、终止重整程序，并作出了公告。担保优先债权组的债权人收到此消息后，非常不服，认为重整计划草案在所有表决组全部通过后才有效，管理人和法院的做法损害了他们的利益，是错误的。在企业重整计划草案未获得所有表决组通过的情况下，法院能否强制批准该重整计划草案？

一般情况下，各表决组均通过重整计划草案才能够认定重整计划草案被通过，但是，为了赋予债务人更多复兴的希望，法律对此作出了例外规定，即重整计划草案的强制批准制度。根据《企业破产法》第八十七条的规定，重整计划草案没有获得全部表决组的表决通过，管理人与未通过重整计划草案的表决组协商并进行再次表决后,重整计划草案仍未获得通过的,在符合该条第二款规定之条件的情形下,经债务人或管理人申请,人民法院可以裁定批准重整计划草案。从《企业破产法》第八十七条第二款规定的情形看,人民法院审查重整计划草案时,主要以破产清算为检验标准,如果重整计划可以使债权人获得不低于其在债务人破产清算情况下所能实现的清偿分配,重整计划便没有对债权人利益造成实质性损害。这时,即使债务人的重整计划草案未能获得所有表决组通过,法院也有权强制批准该重整计划草案。具体到本案中,虽然 X 公司的重整计划草案未获得全部表决组一致通过,并且经过再表决后,担保优先债权组仍未通过该草案,但根据重整计划的安排和实际情况,该组债权人的债权并不存在延期清偿的情形,债权人也能就担保财产获得全额清偿,故担保债权并未受到实质性损害。根据《企业破产法》第八十七条第二款第一项的规定,X 公司的重整计划草案具备批准条件,管理人的申请也符合法律规定,人民法院应当批准该重整计划草案。

相关法条

《中华人民共和国企业破产法》

第八十七条 部分表决组未通过重整计划草案的,债务人或者管理人可以同未通过重整计划草案的表决组协商。该表决组可以在协商后再表决一次。双方协商的结果不得损害其他表决组的利益。

未通过重整计划草案的表决组拒绝再次表决或者再次表决仍未通过重整计划草案,但重整计划草案符合下列条件的,债务人或者管理人可以申请人民法院批准重整计划草案:

（一）按照重整计划草案，本法第八十二条第一款第一项所列债权就该特定财产将获得全额清偿，其因延期清偿所受的损失将得到公平补偿，并且其担保权未受到实质性损害，或者该表决组已经通过重整计划草案；

（二）按照重整计划草案，本法第八十二条第一款第二项、第三项所列债权将获得全额清偿，或者相应表决组已经通过重整计划草案；

（三）按照重整计划草案，普通债权所获得的清偿比例，不低于其在重整计划草案被提请批准时依照破产清算程序所能获得的清偿比例，或者该表决组已经通过重整计划草案；

（四）重整计划草案对出资人权益的调整公平、公正，或者出资人组已经通过重整计划草案；

（五）重整计划草案公平对待同一表决组的成员，并且所规定的债权清偿顺序不违反本法第一百一十三条的规定；

（六）债务人的经营方案具有可行性。

人民法院经审查认为重整计划草案符合前款规定的，应当自收到申请之日起三十日内裁定批准，终止重整程序，并予以公告。

第八十八条　重整计划草案未获得通过且未依照本法第八十七条的规定获得批准，或者已通过的重整计划未获得批准的，人民法院应当裁定终止重整程序，并宣告债务人破产。

十二、重整计划的执行和监督主体

人民法院批准重整计划后，进入重整计划的执行阶段。根据《企业破产法》的规定，债务人负责执行重整计划。一方面，债务人对本公司的财产、业务、人事关系更熟悉，比另行委任执行人更便捷；另一方面，重整结果与债务人的存亡相关，由债务人自己执行重整计划能较好地发挥债务人的积极性，提高重整成功的可能性。因此，现行法将债务人确定为执行重整计划的法律主体。重整计划被人民法院批准通过后，在重整期间接管债务人财产和营业事务的管理人应当将财产和营业事务全部移交给债务人。

鉴于重整计划的执行工作量大且繁复，为了防止债务人借机隐匿财产、逃避债务，损害债权人利益，法律特别规定了执行监督人制度。根据该制度，管理人依法享有监督权，重整计划执行期间，管理人应当对执行过程进行监督，债务人应当向管理人报告重整计划执行情况和债务人的财产状况。对于执行监督人制度，法律并未作出详细具体的规定。实践中，管理人往往通过对印章的监督、对债务人财产的监管、对债务人重要经营事项的监督履行职责，把握重整计划的执行情况。

案例解析

债务人可以拒绝执行重整计划吗？

2017年3月30日，人民法院根据E公司的申请裁定受理V公司破产重整一案，后该法院作出指定管理人决定书，指定K律所、L会计师事务所为V公司的联合管理人。经过管理人、债务人及其出资人、债权人的一致努力，V公司的重整计划草案在2018年11月召开的第三次债权人会议上获得通过。后人民法院依法作出了批准V公司重整计划、终止V公司重整程序的裁定。此后，管理人与债务人的经营管理人员就重整计划的执行事宜举行洽谈会，并且管理人均已做好将债务人的财产与营业事务移交给债务人的准备。但债务人的经营管理人员却一致认为，V公司在自己的经营管理下才一步步陷入破产危机，出资人也没有信心能够完美地执行重整计划,加之重整计划本就是管理人制定的,由管理人负责重整计划的执行再合适不过了。于是,V 公司提出了由管理人执行重整计划的请求,必要时可以由他们提供协助。V 公司的行为是否恰当?债务人是否可以拒绝执行重整计划?

本案涉及重整计划的执行主体,V 公司的行为不恰当。《企业破产法》第八十九条明确规定:"重整计划由债务人负责执行。人民法院裁定批准重整计划后,已接管财产和营业事务的管理人应当向债务人移交财产和营业事务。"与此同时,该法第九十三条第一款还规定,如果债务人无法执行或者拒绝执行重整计划,经管理人或者利害关系人请求,人民法院将裁定终止重整计划的执行,并宣告债务人破产。根据前述规定可知,债务人负有执行重整计划的权利和义务,不能推拒,否则将面临破产宣告的不利法律后果。所以,上述案例中,V 公司的做法是错误的,无论该公司的经营管理人员是否有信心执行重整计划,无论重整计划由谁制作,都应该由 V 公司自己执行重整计划,不能委托管理人执行。鉴于重整计划执行期间,管理人也负有监督义务,为了推进重整计划高效有序实施,V 公司可根据《企业破产法》第九十条的规定,时时向管理人报告重整计划的执行情况和公司的财产状况,在管理人的监督和指导下开展工作。

相关法条

《中华人民共和国企业破产法》

第八十九条 重整计划由债务人负责执行。

人民法院裁定批准重整计划后,已接管财产和营业事务的管理人应当向债务人移交财产和营业事务。

第九十条 自人民法院裁定批准重整计划之日起,在重整计划规定的监督期内,由管理人监督重整计划的执行。

在监督期内,债务人应当向管理人报告重整计划执行情况和债务人财务状况。

第九十三条第一款 债务人不能执行或者不执行重整计划的,人民法院经管理人或者利害关系人请求,应当裁定终止重整计划的执行,并宣告债务人破产。

十三、管理人监督职责的终止与监督期的延长

根据《企业破产法》的规定,管理人负有监督债务人执行重整计划的职责。该职责具体体现为管理人要在监督期内依法履行监督义务,听取债务人的报告和意见。需要注意的是,管理人并非只需"听听"报告、"看看"执行情况即可。在监督期间,管理人应当记载重整计划的执行情况,例如债务人经营方案的实施情况、债权人受偿的情况、债务人的财产状况等。监督期届满后,管理人还需要将该记录制作成监督报告提交给法院备查,重整计划的利害关系人(如债权人、债务人及其出资人等)也有权查阅监督报告。自监督报告提交给人民法院之日起,管理人的监督职责才归于终止。

监督期限通常起始于人民法院裁定批准重整计划之日,具体期间根据人民法院批准的重整计划确定的时间确定。一般情况下,监督期限是一个固定的不变期限,但是,如果监督期限届满后,重整计划安排的内容尚未执行完毕,或者存在其他影响重整计划执行的不利现象,管理人可以向人民法院申请延长监督期限,继续履行监督职责。

案例解析

**重整计划执行完毕后，债权人可否主张
查阅关于重整计划执行的监督报告？**

2017年4月，F公司进入破产重整程序，S会计师事务所为该公司的管理人。同年11月22日，人民法院裁定批准F公司的重整计划。后F公司在管理人的监督下开展了重整计划的执行工作。重整计划期间，F公司每月定期向管理人汇报重整计划的执行进展和公司财务状况。2018年11月初，F公司向管理人报告进度时指出重整计划的内容均已实施完毕。后S会计师事务所依法向人民法院提交了《关于裁定确认重整计划执行完毕及终止管理人监督职责的报告》《关于重整计划执行情况的监督报告》，并申请确认F公司的重整计划执行完毕。此后，人民法院依法作出了确认裁定。2019年3月，F公司曾经的债权人M公司清理债权债务关系时发现一些问题，需要向F公司了解一些关于重整计划执行的情况。但当时F公司已经注销，无法确认上述情况。M公司还可以通过何种方式获知重整计划的执行情况呢？

根据《企业破产法》第九十条第二款的规定，重整计划执行和执行监督期间，债务人应当向管理人报告重整计划执行情况和债务人财务状况。该法第九十一条还规定："监督期届满时，管理人应当向人民法院提交监督报告。自监督报告提交之日起，管理人的监督职责终止。管理人向人民法院提交的监督报告，重整计划的利害关系人有权查阅。经管理人申请，人民法院可以裁定延长重整计划执行的监督期限。"由此可见，重整计划执行期间，除负责执行计划的债务人外，管理人也可以获得一手信息，这些内容将体现在管理人制作的监督报告中。根据《企业破产法》第九十一条的规定，重整计划的利害关系人有权查阅该监督报告，以维护自己的权益。因此，前述案例中的 M 公司系 F 公司的债权人和重整计划的利害关系人，如果其想了解重整计划的执行情况，可以向人民法院申请查阅管理人向人民法院提交的监督报告。

相关法条

《中华人民共和国企业破产法》

第九十条第二款 在监督期内，债务人应当向管理人报告重整计划执行情况和债务人财务状况。

第九十一条 监督期届满时，管理人应当向人民法院提交监督报告。自监督报告提交之日起，管理人的监督职责终止。

管理人向人民法院提交的监督报告，重整计划的利害关系人有权查阅。

经管理人申请，人民法院可以裁定延长重整计划执行的监督期限。

十四、重整计划的效力

根据《企业破产法》的规定，经过人民法院裁定批准的重整计划，对债务人和全体债权人均具有约束力。根据该规定，重整计划生效后，债务人应当按照重整计划的约定履行义务，全体债权人根据重整计划的内容享受权利。从文义解释上看，重整计划似乎仅对债务人和全体债权人发生法律效力。那么，债务人的出资人，尤其是权益受到调整的出资人是否也受重整计划约束呢？由于法无明文规定，实践中，对这个问题存在争议。有观点认为，从字面意思看，《企业破产法》并没有规定重整计划对出资人和其他利害关系人有约束力，所以出资人等不必受重整计划约束。另一种观点认为，尽管法律未明确规定，但重整计划对出资人和其他利害关系人也有法律效力。一方面，这是由《企业破产法》的立法目的与重整计划的本质决定的；另一方面，根据《企业破产法》的规定，重整计划须公平考量出资人权益，必要时，出资人还需要对重整计划进行讨论、表决。所以，综合来看，出资人和其他利害关系人也应受重整计划约束。目前，第二种意见为司法实践中的主流观点。

需要注意的是，无论在何种破产程序中，债权人都需要依法申报债权，这在重整计划执行期间也不例外。根据《企业破产法》的规定，如果债权人未依法申报债权的，其权利在重整计划执行期间暂停行使，仅在重整计划执行完毕后，才能按照重整计划规定的同类债权的清偿条件行使权利。此外，连带债权债务中，债权人的权利不受重整计划的影响。如果债权人未在重整计划中获得全部清偿的，对于未受清偿的部分，债权人仍然可以向保证人或其他连带债务人主张权利。

案例解析

重整计划执行完毕后，债权人是否可以要求保证人清偿剩余部分债务？

2015年12月19日，Y公司与某银行签订《流动资金贷款合同》，约定某银行为Y公司提供贷款360万元，贷款期限为两年，年利率为18.34%，按季结息，逾期本息上浮50%计息。为保障该合同的履行，Y公司、某银行与Y公司的法定代表人王某签订《保证合同》，约定由王某为Y公司在《流动资金贷款合同》中所负债务提供连带责任担保，保证期为两年，自主债务履行期限届满之日起计算。后该银行依约发放了贷款。该笔贷款到期后，Y公司未履行还款义务，王某也没有履行担保责任。该银行向人民法院起诉追讨债权。案件审理过程中，Y公司进入重整程序，该案依法中止。2018年4月18日，人民法院作出裁定书，确定了该银行对Y公司享有的债权。同年12月27日，人民法院作出裁定，批准Y公司的重整计划，终止重整程序。但是根据重整计划的安排，该银行无法获得全部清偿。该银行是否可以向保证人主张权利？

该银行可以向保证人主张权利。《企业破产法》第九十二条第三款明确规定："债权人对债务人的保证人和其他连带债务人所享有的权利，不受重整计划的影响。"保证责任制度本就是为了保障债权人获得清偿而确立的，根据前述法律的规定，当债务人未履行清偿义务或未履行完毕清偿义务时，重整计划并不影响债权人向保证人主张权利，但是，为了防止债权人获得重复清偿，债权人只能就未在破产程序中获得清偿的部分主张权利。所以，上述案例中，如果根据重整计划的内容，该银行确实无法获得全部清偿，如果仍在保证期间，银行可以依法向王某主张权利，要求其承担Y公司未能清偿的部分债务。

相关法条

《中华人民共和国企业破产法》

第九十二条　经人民法院裁定批准的重整计划，对债务人和全体债权人均有约束力。

债权人未依照本法规定申报债权的，在重整计划执行期间不得行使权利；在重整计划执行完毕后，可以按照重整计划规定的同类债权的清偿条件行使权利。

债权人对债务人的保证人和其他连带债务人所享有的权利，不受重整计划的影响。

十五、重整计划被裁定终止的效力

根据《企业破产法》的规定，重整计划可因下列情形终止：其一为重整计划执行完毕；其二为重整计划执行不能。重整计划因执行完毕而终止自不待言，此处不再详述。需要注意的是，重整计划因执行不能而终止的情形。重整计划执行不能包括债务人不能执行重整计划和债务人不执行重整计划两种情况。前者多由重整计划不具有可执行性而导致，例如重整计划本身不可行，或者制订重整计划所依据的客观情况发生了变化而影响重整计划的执行等；后者是指债务人主观上不愿意执行重整计划，例如债务人缺乏执行能力或执行动力等。当重整计划因执行不能而导致执行终止的，不影响为重整计划的执行提供的担保的效力。

如果出现重整计划执行不能的情形，为了保障利害关系人的利益，降低损失，管理人或利害关系人可以向人民法院提出终止重整计划的执行的申请，人民法院在作出该裁定时，应当同时宣告债务人破产，对债务人财产进行清算。

重整计划被依法裁定终止执行后，重整计划失效，债务人、债权人等利害关系人不再受重整计划约束，各方法律关系恢复到重整计划制订前的状态。例如，债权人在重整计划中对债权调整所作的承诺均不再具有法律效力，如果债权人未获清偿，在将来的程序中，债权人可以按照其原本的债权额向债务人主张权利。但是，债权人基于重整计划的执行而已经获得的清偿依然有效，债权人不必将该部分财产退还给债务人。如果债权人未在重整计划的执行过程中实现全部债权，可以以原来的债权额为基数，扣除已获清偿的部分，以剩余部分作为破产债权参与分配。需要注意的是，该等情况下，只有当其他同顺位债权人与自己所获得的清偿达到同一比例后，该债权人才能继续接受分配。例如，在某一破产案件中，甲公司与乙公司同为普通债权人，根据重整计划，双方均能获得30%的清偿，但重整计划因故终止，终止时，甲公司的债权获得20%的清偿，乙公司的债权获得25%的清偿，此时，应当先给甲公司的债权清偿比例增加至25%，甲公司和乙公司才能按比例接受破产财产的分配。

案例解析

重整计划终止后，债权人是否应先将所获清偿之财产返还给债务人，再参加破产分配？

2016年12月5日，人民法院裁定W公司的破产重整申请，并指定C律所为该公司管理人。2017年9月27日，W公司在人民法院的主持下召开了第二次债权人会议，对该公司重整计划草案进行表决，各表决组均通过了重整计划草案。后人民法院依法批准了重整计划，W公司进入重整计划执行期间。执行过程中，W公司根据重整计划的内容清偿债务和开展生产经营活动。2018年第二季度，因政策和市场环境变化，W公司的业务难以为继，该公司再次陷入经营窘境。为了及时止损，管理人向人民法院提出了终止重整计划的执行，宣告债务人破产的申请。人民法院经审查同意了该申请，W公司进入破产清算程序。清算期间，W公司给公司的债权人发函，称：因W公司重整失败，重整计划失效，债权人基于重整计划获得的清偿已丧失法定基础，故已经获得清偿的债权人须将W公司在重整计划执行期间偿还的财产返还给W公司，重新进行分配。W公司的做法合法吗？该公司的债权人应怎么做？

本案涉及重整计划终止执行的法律后果问题，对此，《企业破产法》第九十三条规定："债务人不能执行或者不执行重整计划的，人民法院经管理人或者利害关系人请求，应当裁定终止重整计划的执行，并宣告债务人破产。人民法院裁定终止重整计划执行的，债权人在重整计划中作出的债权调整的承诺失去效力。债权人因执行重整计划所受的清偿仍然有效，债权未受清偿的部分作为破产债权。前款规定的债权人，只有在其他同顺位债权人同自己所受的清偿达到同一比例时，才能继续接受分配。有本条第一款规定情形的，为重整计划的执行提供的担保继续有效。"根据该规定，重整计划终止执行虽会导致重整计划失效，但并不会影响相关担保和已作出的清偿行为的效力，所以本案中 W 公司的做法是错误的。对于重整计划执行期间债务人已经清偿的债务，无论数额多少，债务人均不得要求债权人返还。对于 W 公司的要求，债权人有权拒绝。如果债权人的债权仍未实现，还可以继续向 W 公司主张权利，要求其对破产财产进行分配。

相关法条

《中华人民共和国企业破产法》

第九十三条　债务人不能执行或者不执行重整计划的，人民法院经管理人或者利害关系人请求，应当裁定终止重整计划的执行，并宣告债务人破产。

人民法院裁定终止重整计划执行的，债权人在重整计划中作出的债权调整的承诺失去效力。债权人因执行重整计划所受的清偿仍然有效，债权未受清偿的部分作为破产债权。

前款规定的债权人，只有在其他同顺位债权人同自己所受的清偿达到同一比例时，才能继续接受分配。

有本条第一款规定情形的，为重整计划的执行提供的担保继续有效。

十六、债务人清偿责任的免除

债务人的清偿义务可因债权人免除债务终止。所谓免除，是指债权人抛弃部分或全部债权，使合同的权利义务归于消灭的行为。前文已经提到，债务人或管理人制订的重整计划中可以对债权人的权益进行调整，包括债权数额的减免、清偿时间的延长等。如果债权人对重整计划中的该部分内容无异议，且重整计划已经过人民法院的批准生效，则该部分内容对债权人是有法律约束力的，重整计划执行完毕后，对于按照重整计划减免的债务，债务人不再负有清偿义务，债权人不能以未获得全部清偿为由要求债务人承担清偿责任。

需要注意的是，重整程序中，债务人的清偿义务并不能随意免除。根据《企业破产法》的规定，其须符合以下条件：第一，重整计划明确具体地规定了该部分债务的减免事项；第二，债务人的重整计划已依法执行完毕，就减免后的债权，债权人已获得全部清偿。符合前述两个条件时，自重整计划执行完毕之日起，债务人不再承担清偿责任。

第九章 破产预防

案例解析

重整计划执行完毕后,债权人反悔,
可以要求债务人补足其同意减免的债务吗?

Q 公司系甲省一家主要从事建设、经营高尔夫球场、会所及相应的生活服务设施的公司。2018 年 1 月,该公司因对外担保背负巨额债务,无奈之下只能进入破产重整程序。重整期间,Q 公司的管理人根据公司实际情况制作了重整计划草案,经过与债权人协商,重整计划草案对有财产担保的债权人的债权数额进行了调整,按比例减免了一部分利息。2018 年底,Q 公司的重整计划草案获得各表决组的一致通过,经过申请和批准程序,Q 公司开始在管理人的监督下执行重整计划。重整计划执行期间,Q 公司成功引入资本入驻,度过了资金匮乏危机,后 Q 公司的重整计划顺利执行完毕,已申报债权的债权人均已按重整计划的内容获得清偿。2019 年 8 月,人民法院裁定确认 Q 公司重整计划执行完毕。此后,Q 公司的经营日益向好。该公司原来的债权人 D 公司却不干了,觉得既然现在 Q 公司有钱了,那它在重整期间所做的让步是不是应该要回来呢?于是,D 公司要求 Q 公司向其补足重整计划减免的利息。D 公司的做法能否得到支持?

根据《企业破产法》第九十四条的规定,D 公司的做法不能得到支持。重整计划虽由债务人或管理人单方制订,但该方案大部分是通过协商方式通过的,所以《企业破产法》第九十二条第一款才明确规定,重整计划经过人民法院批准后,对债务人和全体债权人均具有法律约束力。债权人的权益调整方案作为重整计划的重要组成部分,无论其增加还是减免了债务,一旦重整计划生效,即对债权人具有法律效力,债

权人只能根据调整后的清偿方案实现债权。因此,《企业破产法》第九十四条规定:"按照重整计划减免的债务,自重整计划执行完毕时起,债务人不再承担清偿责任。"上述案例中,D公司对重整计划减免了部分利息的事实知情,并且已经按照重整计划的安排获得清偿,对于按照重整计划减免的利息,自重整计划执行完毕时起,Q公司不再承担清偿责任,D公司不能主张补足。

相关法条

《中华人民共和国企业破产法》

第九十二条第一款 经人民法院裁定批准的重整计划,对债务人和全体债权人均有约束力。

第九十四条 按照重整计划减免的债务,自重整计划执行完毕时起,债务人不再承担清偿责任。

《中华人民共和国民法典》

第五百五十七条 有下列情形之一的,债权债务终止:

……

(四)债权人免除债务;

……

第二节 和解

一、和解申请的提出与裁定

企业法人不能清偿到期债务，并且资产不足以清偿全部债务或者明显缺乏清偿能力时，并不必然要通过破产清算而走向终结，和解是挽救企业的重要途径。不过，和解不同于以拯救企业为目的的重整，和解更多地倾向于清算债务。破产和解按提出的时间不同可以划分为破产程序开始前的和解与破产程序开始后的和解。破产程序开始后提出和解的，要在法院宣告债务人破产前提出。和解需要债务人向法院提出，并提供和解协议草案。和解协议草案是债务人制定的请求债权人暂缓行使债权人权利的方案。和解协议草案的内容主要包括债务人的财产明细、债务状况、偿还债务的期限和方案、担保等事项。债务人将和解协议以及和解申请一并提交人民法院，人民法院经审查认为和解申请符合《企业破产法》规定的，应当裁定和解，予以公告，并召集债权人会议讨论和解协议草案。债权人认为债务人提出的方案具有可信度和执行性的，可以与债务人达成和解，同意和解的债权人达到法定的比例后和解协议即达成。享有担保权的权利人对特定的财产具有优先受偿权，受偿顺序优于一般债务人，这种优先权不受制于和解程序，自人民法院裁定和解之日起便可以行使权利。

案例解析

和解申请应在何时提出?

某高新科技公司由于资不抵债,并且明显缺乏清偿能力,依法向当地人民法院提出破产申请。法院对其破产申请进行审查,查明该高新科技公司已有多笔债务到期,资产负债率高达145.6%,符合破产的条件。在法院宣布该高新科技公司破产前,该公司通过多方努力找到了两家合作企业,这两家企业能够为其市场扩展、技术研发、投资引进提供巨大帮助,这使该公司又有了重生的希望。公司的股东分析了新形势后,认为这是公司奋力一搏的机会,如果公司可以通过合作起死回生,将大大降低股东以及公司债权人的损失。但是该高新科技公司的破产申请已经向法院提交数日,如果这时向人民法院提出和解申请,能否得到支持?

根据我国《企业破产法》第九十五条第一款的规定,债务人可以在人民法院受理破产申请后、宣告破产前,向人民法院申请和解。本案中的高新科技公司在向人民法院提交破产申请后,又想通过申请和解与债权人达成协议来清偿债务是可以的。人民法院经过审查认为债务人符合和解的条件的,就会裁定和解。但裁定和解并不意味着和解成功,该高新科技公司在申请和解时应当一并提交和解协议草案,最终能否和解成功,则要看其提出的和解方案能否获得债权人会议的同意和人民法院的认可。

相关法条

《中华人民共和国企业破产法》

九十五条 债务人可以依照本法规定,直接向人民法院申请和解;

也可以在人民法院受理破产申请后、宣告债务人破产前，向人民法院申请和解。

债务人申请和解，应当提出和解协议草案。

第九十六条 人民法院经审查认为和解申请符合本法规定的，应当裁定和解，予以公告，并召集债权人会议讨论和解协议草案。

对债务人的特定财产享有担保权的权利人，自人民法院裁定和解之日起可以行使权利。

二、和解协议的通过与认可

人民法院裁定和解后，债权人会议要就和解协议草案进行讨论，作出决议。出席会议的有表决权的债权人过半数同意，并且其所代表的债权额占无财产担保债权总额的三分之二以上的，和解协议即可通过。之所以排除有财产担保的债权人在破产和解中的表决权，是因为有财产担保的债权人在未放弃优先受偿权的情况下，其债权的实现不受和解程序的限制，在法院裁定和解之日起便可以行使权利，因此不能代表无财产担保债权人的利益参与和解协议的投票。

法院认可是和解协议生效的要件，债权人会议通过和解协议后，应当将决议与和解协议提交人民法院，由人民法院对和解协议的合法性、可行性、公平性进行审查，裁定是否认可债权人会议通过的决议。人民法院予以认可的，终止和解程序，并予以公告，和解协议生效，债务人获得暂时调整的机会，由管理人移交债务人的财产和营业事务；人民法院不予认可的，裁定终止和解程序，并宣告债务人破产。因此，和解协议要经过债权人会议同意和法院认可的双重限制，经人民法院审查通过的和解协议草案未通过债权人会议，或者经债权人会议同意的和解协议草案未通过法院的审查的,和解申请均将被驳回,债务人须依法进行破产清算。

案例解析

和解协议需要多少债权人同意才能通过?

2017年,某钨业有限公司因经营不善被债权人依法申请破产,到债权申报期截止,共有某冶金公司、陈某、周某、许某某、谢某某、赵某某等9位债权人进行了债权申报,债权份额分别为20%、10%、15%、5%、8%、10%、15%、10%、7%。其中,该冶金公司对该钨业有限公司的办公楼享有抵押权,双方在借款时约定,如果钨业有限公司不能如期偿还本金和利息,冶金公司将有权从该钨业有限公司的办公楼的变价所得中优先受偿。在人民法院依法宣告该钨业有限公司破产前,该钨业有限公司申请和解,法院裁定和解。第一次债权人会议如期召开,债权人对该钨业有限公司提出的和解协议草案进行了讨论。最终,包括上述冶金公司在内的前6位债权人表示同意该和解方案,人民法院进行审查后,裁定认可,终止和解程序,并予以公告。本案中的和解协议通过的程序是否符合法律规定?

人民法院裁定和解后,应当召开债权人会议对债务人提出的和解协议进行讨论。和解协议由出席会议的有表决权的债权人过半数同意,并且其所代表的债权额占无财产担保债权总额的三分之二以上的,和解协议便可依法通过债权人会议。依据我国《企业破产法》的规定,在和解程序中有表决权的债权人是指无财产担保的债权人,有财产担保的债权人除非放弃优先受偿权,否则不得对和解事项作出表决。本案中,有表决权的债权人是除冶金公司外的八名债权人,所以和解协议需要获得其中四人以上的同意,并且其所代表的债权额占无财产担保债权总额的三分之二以上。但是,冶金公司却对该和解协议进行了表决,这是违反相关规定的,其不具有表决权,这就导致该决议只有五位合法债权人作出了有效的通过表决。然而,这五位债权人的债权只占无财产担保债权总额的五分之三,不足三分之二,和解协议依法不能通过。人民法院作出的认可和解的裁定是错误的,应当依法宣布该钨业有限公司破产。

相关法条

《中华人民共和国企业破产法》

第九十七条 债权人会议通过和解协议的决议,由出席会议的有表决权的债权人过半数同意,并且其所代表的债权额占无财产担保债权总额的三分之二以上。

第九十八条 债权人会议通过和解协议的,由人民法院裁定认可,终止和解程序,并予以公告。管理人应当向债务人移交财产和营业事务,并向人民法院提交执行职务的报告。

第九十九条 和解协议草案经债权人会议表决未获得通过,或者已经债权人会议通过的和解协议未获得人民法院认可的,人民法院应当裁定终止和解程序,并宣告债务人破产。

三、和解协议的约束力

和解协议经法院认可后,和解债权人和债务人要受和解协议的约束。这里的和解债权人在破产法的规定中是指没有财产担保权的债权人，和解协议只约束全部和解债权人，对其他债权人不产生约束力。

和解协议获得认可之后，债务人要严格按照和解协议的规定履行义务，在和解协议确定的期限内按照协议规定的清偿标准公平地清偿债务，不得在协议之外额外给予部分债权人更优惠的清偿条件。

和解协议的效力及于所有和解债权人，全部和解债权人都受其约束，即便有的和解债权人未申报债权，未参加债权人会议，也未就和解协议发表过意见。和解债权人未依照本法规定申报债权的，在和解协议执行期间不得行使权利；在和解协议执行完毕后，可以按照和解协议规定的清偿条件行使权利。法律如此规定的目的在于维护和解的稳定性，避免和解协议的执行被懈怠主张权利的债权人无序打乱。和解债权人只能依据和解协议主张权利，不得再按照原债权债务关系主张和解中已经放弃的权利。

和解协议是债权人和债务人就债务的有效清偿重新签订的协议，对债权人与债务人之外的第三人不产生约束力，所以和解债权人对债务人的保证人和其他连带债务人所享有的权利，不受和解协议的影响，依然可以依法主张权利。

案例解析

和解中未及时申报债权的债权人，应如何追回自己的款项？

某航运公司在 2016 年 2 月曾与某钢铁公司签订合同，合同约定该航运公司为该钢铁公司运输一年的铁粉，到 2017 年 2 月合同终止后的 10 个月内（2017 年 12 月）结清这一年产生的运输费用，如果该钢铁公司未按时支付运费，该航运公司可以按应收运费的 3% 加收利息。清偿期届满，该钢铁公司并没有如期履行合同约定的付款义务。2018 年底，该航运公司派员来催收运费时才发现该钢铁公司已经在破产程序中获得和解，和解协议约定："一、钢铁公司按照申请破产清算前相关债权人会议议定的规则规范运营，债权人会议对公司的运营有监督权，一旦发现公司违规运营或者有其他损害债权人利益的行为，可以立即终止执行和解协议，请求法院依法裁定该钢铁公司破产清算。二、公司对某电力公司的债权，对某车床生产公司的供货合同的应收账款，由债权人会议以公司名义催收，收回款项由债权人会议按债权比例分配给债权人。三、债权数额的确认：各债权人的债权按照最近一次会议确定的债权数额为准，利息按照2018年5月20日全体债权人会议协商结果执行，即债务利息均只计算到2018年5月30日止。四、清算债务的期限：所有的债务清偿期按原合同规定的清偿期限向后延迟一年，债权人不得按照原合同主张债权。"该航运公司错过了债权申报，也没有对和解协议进行表决，应当如何实现债权？

债权人应当积极行使自己的权利，在债务人破产后及时进行债权申报，才能在债权人会议上充分表达自己的意见，维护自己的债权。如果债权人错过债权申报，依然要受到和解协议的约束，经人民法院裁定认可的和解协议，对债务人和全体和解债权人均有约束力。本案中的航运公司行使债权时发现有关债务人的破产和解程序已经结束，和解协议已经生效，所以其只能按和解协议的约定行使权利。钢铁公司按照和解协议于2018年12月开始向航运公司清偿债务，航运公司不能提前主张债权，并且债务利息只能计算到2018年5月30日。同时，航运公司在和解协议执行期间不得行使权利，在和解协议执行完毕后，才可以按照和解协议规定的清偿条件行使权利。

相关法条

《中华人民共和国企业破产法》

第一百条 经人民法院裁定认可的和解协议，对债务人和全体和解债权人均有约束力。和解债权人是指人民法院受理破产申请时对债务人享有无财产担保债权的人。

和解债权人未依照本法规定申报债权的，在和解协议执行期间不得行使权利；在和解协议执行完毕后，可以按照和解协议规定的清偿条件行使权利。

第一百零一条 和解债权人对债务人的保证人和其他连带债务人所享有的权利，不受和解协议的影响。

第一百零二条 债务人应当按照和解协议规定的条件清偿债务。

四、和解协议的无效与未履行

1. 和解协议的无效

和解协议无效制度，是指和解协议是因债务人的欺诈或者其他不法行为而成立的，对此法院裁定该协议无效的制度。所谓欺诈，是指采取故意告知虚假情况或者故意隐瞒真实情况的方式，诱使他人作出错误意思表示的行为。

根据我国《企业破产法》第一百零三条的规定，因债务人的欺诈或者其他违法行为而成立的和解协议，人民法院应裁定和解协议无效，同时宣告债务人破产。而对于和解协议中已经执行的部分，和解债权人因执行和解协议所受的清偿，在其他债权人所受清偿同等比例的范围内，不予返还。法律之所以规定和解协议无效制度，是因为和解协议是在债权人会议与债务人双方协商一致的情况下，对债务的清偿做出的安排，而如果债务人采用欺诈手段达成和解协议，就会损害债权人的合法权益；如果和解协议存在其他不法行为，则可能会损害国家、集体及其他人的利益，因此法律规定了和解协议的无效制度。

2. 和解协议的未履行

和解协议的未履行，包括债务人不能执行或者不执行和解协议两种情况。债务人不能执行和解协议，是指债务人因清偿能力出现问题而导致客观上不能根据和解协议执行，非主观上故意不履行。债务人不执行和解协议，是指债务人在客观上有能力按照和解协议清偿债务，但其主观上故意不履行，即没有履行和解协议的诚意。债务人不能执行或者不执行和解协议的，经债权人请求后，人民法院裁定终止和解协议，并宣告破产。

和解协议未履行的法律后果：

（1）债务人不能执行或者不执行和解协议的，人民法院经和解债权人请求，应当裁定终止和解协议的执行，并宣告债务人破产。和解债权人因执行和解协议所受的清偿仍然有效，和解债权未受清偿的部分作为破产债权。

（2）人民法院裁定终止和解协议执行的，和解债权人在和解协议中作出的债权调整的承诺失去效力。但是，已受清偿的债权人只有在其他债权人同自己所受的清偿达到同一比例时，才能继续接受分配。

（3）债务人不能执行或者不执行和解协议，人民法院宣告债务人破产的，债务人为和解协议提供的担保继续有效。

在破产和解中，债务人没有能力或者没有诚意按照和解协议履行清偿债务的，债权人应尽快请求终止和解协议，进入破产清算程序，及时让管理人管理、清算和公平分配债务人的财产，从而降低债务人的财产流失的可能性，保护债权人的利益。

案例解析

因债务人的欺诈而成立的和解协议是否具有法律效力？

2019年2月，某电子科技有限公司向法院申请破产。经过审查之后，法院受理了该企业的破产申请。2019年6月，该企业与其债权人达成和解协议。但是，在和解协议依法成立之后，该企业的债权人发现该电子科技公司在签订和解协议时恶意隐瞒企业的部分情况，诱使债权人会议作出同意和解协议的决议。对此，债权人认为，该企业的行为属于欺诈，请求人民法院认定已经成立的和解协议无效。破产债务人与债权人已经达成的和解协议是否具有法律效力？

我国《企业破产法》第一百零三条明确规定，因债务人的欺诈或者其他违法行为而成立的和解协议，人民法院应当裁定无效，并宣告债务人破产。本案中，因债务人某电子科技有限公司的欺诈行为而成立和解协议，债权人可以向法院申请认定该协议无效，并由法院宣告债务人破产。对于因债务人的欺诈而成立的和解协议，无论是债权人事后发现，还是法院依职权发现，人民法院都应当裁定无效，宣告债务人破产。

相关法条

《中华人民共和国企业破产法》

第一百零三条 因债务人的欺诈或者其他违法行为而成立的和解协议，人民法院应当裁定无效，并宣告债务人破产。

有前款规定情形的，和解债权人因执行和解协议所受的清偿，在其他债权人所受清偿同等比例的范围内，不予返还。

第一百零四条 债务人不能执行或者不执行和解协议的，人民法院经和解债权人请求，应当裁定终止和解协议的执行，并宣告债务人破产。

人民法院裁定终止和解协议执行的，和解债权人在和解协议中作出的债权调整的承诺失去效力。和解债权人因执行和解协议所受的清偿仍然有效，和解债权未受清偿的部分作为破产债权。

前款规定的债权人，只有在其他债权人同自己所受的清偿达到同一比例时，才能继续接受分配。

有本条第一款规定情形的，为和解协议的执行提供的担保继续有效。

五、债权人与债务人自行达成协议

在破产程序中，除人民法院主导下的和解程序外，债务人也可以与债权人自愿协商有关债权债务的处理问题，从而自行达成和解协议，即自行和解。根据《企业破产法》的规定，债权人与债务人达成协议，需要具备下列条件：

（1）债务人与全体债权人达成的和解，所有债权人对和解方案都予以认可。

（2）自行达成协议的债权人必须是债权有效存在，并且双方对债权存在没有争议。如果双方对债权存在争议，或者某个债权不确定，或者债务人不认可某个债权，则债权人与债务人无法自行达成协议。

（3）自行和解必须是债务人与全体债权人共同达成的和解，而不是分别与全体债权人达成和解。换言之，全体债权人因自行和解所获得的利益是一致的，所有债权人获得公平对待，其获得的是同等条件下的清偿方式。

我国《企业破产法》第一百零五条规定了债权人与债务人的自行和

解。根据该条的规定，人民法院受理破产申请后，债务人与全体债权人就债权债务的处理自行达成协议的，可以请求人民法院裁定认可，并终结破产程序。即自行和解一经法院认可，即产生终结破产程序的效力。自行和解是债务人与全体债权人各方真实意思的表示，在当事人不履行自行和解协议时，债权人可以据此向法院申请强制执行，也可以向法院申请宣告债务人破产。

案例解析

债务人与债权人自行达成的和解协议，是否需要法院认定？

某化妆品公司因生产经营出现问题导致资不抵债。2019年3月，该公司向当地人民法院申请破产。法院受理破产申请后，债权人与债务人对债权经过协商达成和解协议。在和解协议中，双方对于债务的清偿比例、清偿数额等都做出了规定。在自行达成和解协议之后，有债权人提出应当申请法院认定。但是，有的债权人认为既然是自行和解协议，就无须申请法院认定，他们按照和解协议的规定履行协议即可。在自行达成和解协议后，是否必须申请法院认定？

我国《企业破产法》第一百零五条明确规定："人民法院受理破产申请后，债务人与全体债权人就债权债务的处理自行达成协议的，可以请求人民法院裁定认可，并终结破产程序。"由此可知，自行达成的和解协议是否申请法院认定，是债务人与全体债权人的自由，并非必经程序，其可以申请法院裁定认可，也可以不申请。因此，在本案中，该公司与全体债权人自行达成的和解协议，可以不经法院认定。

第九章 破产预防

相关法条

《中华人民共和国企业破产法》

第一百零五条 人民法院受理破产申请后,债务人与全体债权人就债权债务的处理自行达成协议的,可以请求人民法院裁定认可,并终结破产程序。

六、债务人可依照和解协议免除相应责任

和解协议对债务人的效力表现在两个方面:一是债务人应当无条件地履行和解协议;二是根据和解协议,债务人可免除相应的义务。即债务人依据和解协议免于清偿的债务,在其执行完和解协议之后即可免于承担。我国《企业破产法》第一百零六条规定,在符合下列条件时,债务人才可以依据和解协议免责:(1)免除的义务只能是和解协议中双方所协商减免的债务;(2)和解协议执行完毕,债务人才能免责。即在和解协议未履行的情况下,债务人也负有清偿全部债务的义务。

债务人依和解协议相对免责的规定,保障了债务人的合法权益,避免债务人按照和解协议履行完清偿责任后,债权人仍要求债务人对于和解协议减免部分的债务承担清偿责任。因此,和解协议保障的是双方的利益,也体现了当事人的意思自治。

案例解析

对于按照和解协议减免的债务,债权人还可以要求债务人承担清偿责任吗?

2018年7月,某制鞋厂向法院申请破产,在人民法院受理其破产

申请后，该企业与其全体债权人经过协商，自行达成和解协议。双方在和解协议中约定，债务人某制鞋厂对于其所有的债务按照比例进行清偿，所有债权人都同意减免其一半的债务。在达成和解协议之后，法院裁定认可此和解协议，并终结破产程序。2019年6月，和解协议履行完毕，但是该企业的债权人某百货公司要求其继续承担和解协议中减免的债务。对于和解协议中减免的债务，债权人还可以要求债务人承担清偿责任吗？

对于按照和解协议减免的债务，我国《企业破产法》第一百零六条明确规定："按照和解协议减免的债务，自和解协议执行完毕时起，债务人不再承担清偿责任。"据此可知，只要债务人按照和解协议履行完毕，那么债权人就不能再要求债务人对于和解协议中减免的债务承担清偿责任。反之，债务人未履行和解协议的，仍然要承担全部债务。在本案中，制鞋厂已经按照双方达成的和解协议履行了债务清偿责任，所以债权人百货公司就不能再要求制鞋厂对于和解协议中已经减免的债务承担清偿责任，否则双方达成的和解协议就失去了其本身的意义。

相关法条

《中华人民共和国企业破产法》

第一百零六条 按照和解协议减免的债务，自和解协议执行完毕时起，债务人不再承担清偿责任。